言論統制というビジネス

新聞社史から消された「戦争」

里見 脩

新潮選書

プロローグ

戦争は新聞を肥らせる

「言論統制」とは、どのような行為を言うのだろうか。その言葉からは、言論弾圧、抑制ということが想起されるであろう。厳密には「公権力（国家）が自身の政治的目的を達成するため、それを阻害する、もしくは阻害の可能性がある表現を送受信するメディアに対し、権力を行使し、その行為を抑制・排除し、さらに政治的目的に利するために活用する公的行為」と定義される。弾圧ばかりでなく、活用するという行為も含まれている点が重要である。

一九三一（昭和六）年の満州事変から日中戦争、一九四五年の太平洋戦争終結までの十五年は、総力戦の名の下に国力の全てを戦争遂行に直結する体制の構築が図られ、言論統制も「国策」つまり国家の基本的政策として実施された。終戦以来、七十年余を経た現在、そうした戦時期の言論統制について、以下のような理解をしている人も多いのではないだろうか。

「政府の主導権を掌握した軍部は、内閣情報局を拠点として、計画的に策を練り、強圧的に権力を行使し、新聞の自由な言論を封殺した。新聞記者の中には戦争に反対の者も少なくなかったが、権力の暴力でペンを折られ、心ならずも協力を余儀なくされた。国民も、そうした新聞の虚偽の報道に騙され、戦争を支持した」

つまり、軍部を狂暴な「加害者」とし、新聞（メディア）、国民を「被害者」とする読み解きである。

果たして、こうした読み解きは適切なのだろうか。丁寧に検証を進めると、そうではない事実が、多々浮かび上がる。

軍部が強圧的権力を行使し、自由な言論を封殺したのは確かである。だが軍部にとって言論統制の目的は言論を抑制することだけでなく、新聞を国民世論形成のために活用することも目的とした。このため新聞は、その発行部数を保全され、当時希少であった用紙やインクの資材が優先的に供給されるという「特権」が与えられた。そして、新聞は「報道報国」をスローガンに掲げ、自身を「思想戦戦士」と規定し、進んで従軍し、ペンを振るった。

「戦争は新聞を肥らせる」という言葉が存在するように、実際には新聞社は戦争を事業拡大の「ビジネス・チャンス」と捉えたのである。戦後、新たに結成された新聞業界団体「日本新聞協会」の機関紙「日本新聞報」は、一九四六年に「新聞は戦争で儲けたか」と題し、東京新聞編集局長などを務めた山根真治郎の三回にわたる連載記事を掲載[1]している。山根は「昭和十九年度の決算は、朝日が収入二七九六万九千円、支出二七四〇万三千円、利益五六万六千円、毎日は利益九四万二千円」という数字を挙げ、「新聞は儲かったのか、損をしたのかというと、儲かったというのが、一応の常識である」と指摘している。読売新聞社長であった正力松太郎が戦後に語った「新聞ほど儲かる事業は世の中に二つとない。戦争中といえども、公定価格で儲かったのは、新聞だけであった」[2]という言葉も、印象深いものがある。

政府、メディア、国民

では国民は、虚偽の報道に踊らされた被害者であるのだろうか。国民と新聞の関係について、『暗黒日記』の著書で知られるジャーナリスト清沢洌《きよし》は、満州事変後の一九三四（昭和九）年に「満州事変を契機に、新聞から自由な言論が姿を消した」と指摘し、その変容の理由を次のように分析している。

「新聞が、食客が三杯目を出す時のように遠慮ばかりしているのは、軍部を恐がっているからだという者がある。成程、日本に於いては一つの勢力として最も強力なものが軍部であるのは事実だ。しかし営利新聞の恐いのは一つの勢力でなくて、購買者の離反だ。新聞雑誌の目がけるものは、大衆の第一思念であるが、この第一思念は新聞によって更に強化され、新聞はこれをまた追いかけるという循環作用が行われる。その結果、大衆は益々一本道に燃え立つし、こうなると、新聞は更に感情的刺激を供給する必要にかられる。この事実を頭に入れると、日本における最近のジャーナリズムの異常性が諒解できると思う」[3]

国民と新聞は、どちらが先かと問うまでもなく、「愛国心」という言葉の下で双方が一体化し、戦争に参加した。「戦争はもういやだというのは、負け戦はいやだということ」[4]という指摘があるが、焼夷弾や原爆による無差別攻撃、悲惨な事態に直面したのは戦局が悪化した太平洋戦争の終盤からである。それまでの国民は外地で戦う「皇軍兵士の活躍」を映した映画に興奮し、前線で戦う皇軍兵士に慰問袋を贈り、凱旋パレードでは歓呼して迎えた。つまり総力戦の下で国民は、銃後で戦争を支えた参加者というのが実像である。

なぜ歴史の作り換えがなされ、作り換えられたストーリーが根付いてしまったのだろうか。戦争は敗戦という悲惨な結果に終わり、東京裁判がそうであるように、戦後には軍部だけに戦争責任の咎を負わせる史観が主流を占めた。端的に言えば、メディアはこれに便乗したのである。

東京経済大名誉教授有山輝雄は、戦時期のメディアと国家の関係の検証について戦時期の情報空間の実証を深めると、「そこから浮かんできたのは、これまで操作の対象とされてきたメディアや民衆の、必ずしも受動的ではない姿である。それは、権力による上からのメディア・民衆の操作という図式そのものの見直しにもつながってきた」、「一九三〇年代における政府、メディア、民衆の関係は、統制と従属、あるいは能動的協力・参加といった一方的関係と見ることはできない」と指摘し、「上からの操縦、下からの能動的参加のどちらかといった二者択一ではなく、両方の契機が絡みあいながら進行するところに一九三〇年代・四〇年代を見る必要があろう。（中略）上からの統制と下からの参加という二つの契機が同時に作動し、絡みあうということは、政治権力対メディア・民衆の対抗的関係、あるいは操作・統制的関係という枠組みはもはや通用せず、政治権力、メディア、民衆それぞれの相互関係のあり方を見直さなければならない」[5]と、新たな枠組みで分析することを提起している。

メディアの矛盾を問い直す

これを踏まえて、本書は、「上からの統制と下からの参加という二つの契機が同時に作動し、絡みあった」という視点で、戦時期に立案、実施された言論統制の形成過程を検証した。メディアと国家の関係について、実際はどうであったのか、その事実を提示することが本書の主眼である。

検証に際しては、「同盟通信社」社長・古野伊之助という人物の軌跡を軸として用いた。一九三六（昭和十一）年に発足した同盟通信社は、「全国の有力新聞で構成する公益法人」である一方で、内閣情報局から補助金を受領して国策を遂行する「国策通信社」という二つの顔を有していた。これを背景とし、古野は通信社の社長という枠を超えて、メディア業界の指導者として、また政府当局の協力者として、統制団体「日本新聞連盟」および「日本新聞会」を主導し、さらに満州の言論統制にも深く関与した。戦時期には、通信社、映画、新聞のメディア企業の統合が政府当局の主導によって実施されたが、古野はこの三つの全てに深く関与した。

このため古野に対しては「新聞を官僚と軍人に売り、そのお先棒を担いで新聞を統制し自由を奪った」[6]など厳しい批判がある。しかし一方で、「戦時中の乏しい資材、用紙の不足時代に、ともかくも全国の新聞を一日の休日もさせずに運営して行った古野の手腕は確かに一つの大きな功績と言えよう。（中略）古野をして言わしめれば、新聞企業体を軍の圧力による壊滅から救って、事業を存続させたのは自分だ、ということになるかも知れない」[7]という擁護論もある。

これらの評価は、古野という人物が矛盾を内包した人物であったことを示している。古野は権力とメディアの接点に位置し、戦時期の言論統制を演出したと評することが出来る人物であり、その軌跡を検証することは、言論統制の形成過程を明らかにすることに繋がるであろう。

イギリスの歴史学者E・H・カーは「歴史とは、現在と過去との絶え間ない対話である。歴史を語ることは、現代を語ることである」と指摘しているが、戦時期の言論統制がどのように形成されたのかを知ることは、現代の国家権力とメディアの「距離感の喪失」、「もたれ合い」という問題を考える上でも、また世界を席巻するポピュリズムの行方を考える上でも、決して無意味なことではないだろう。本書がこの国におけるメディアの在り方を問い直す契機となれば幸いである。

言論統制というビジネス　新聞社史から消された「戦争」　目次

引用文献については適宜、句読点を加え、新かな新漢字で表記しました。
（編集部）

言論統制というビジネス

新聞社史から消された「戦争」

第一章　一万三四二八紙の新聞

かつて報道の中心は新聞であった。

ネットメディアはもちろんのこと、テレビもなく、ラジオも日本放送協会のみだった時代の国民のアンテナは新聞しかなかった。ゆえに日本には無数の新聞社が存在し、それによって世論も形成されていた。だが、ある時を境に、その殆どが姿を消してしまった。今からおよそ八十年前のことである。

これが意味することは何なのか――。

まずは言論が消えてしまう前の時代の話から始めるとしよう。

新聞の分布

本題である戦時期のメディアの動き、さらには古野伊之助に触れる前に、まずは戦前のメディア業界を概観しておきたい。

当然のことながら戦前期の日本の報道メディアにはテレビはなく、ラジオも日本放送協会一つだけであり、ほぼ唯一、新聞がその中心を担っていた。

政府は新聞を、一九〇九（明治四十二）年に公布した新聞紙法に基づき、監視、取り締まった。監視や取り締まりは、主として検閲という消極的統制を通じて行われたが、これを担当した政府組織が内務省警保局図書課[1]である。

図書課は対象とする新聞が多数であるため、新聞を「有保証金新聞紙」と「無保証金新聞紙」に区分した。戦前の新聞は、新聞紙法によって、新聞を発行する場合には、事前に警察に保証金を納付することが義務付けられた。これは表向きには「処罰を受けた際の刑事訴訟の費用に充てる」とされた。だが実は、経済的な条件を課すことで言論を制約しようという言論統制に狙いがあった。この保証金を納付した新聞を「有保証金新聞紙」、納付せずに細々と発刊する弱小な新聞を「無保証金新聞紙」と呼称した。

図書課では、新聞を全国四十七道府県別に、「有保証金新聞紙」と「無保証金新聞紙」、さらに、それぞれ「日刊紙」「月四回以上」「月二回以上」「月一回」に区分し、その紙数を把握した。その紙数は部内誌『出版警察資料』（一九二七年六月―四〇年六月）、その後継誌『出版警察報』（四〇年七月―四二年十二月）に記載されている。

昭和初期の新聞紙数

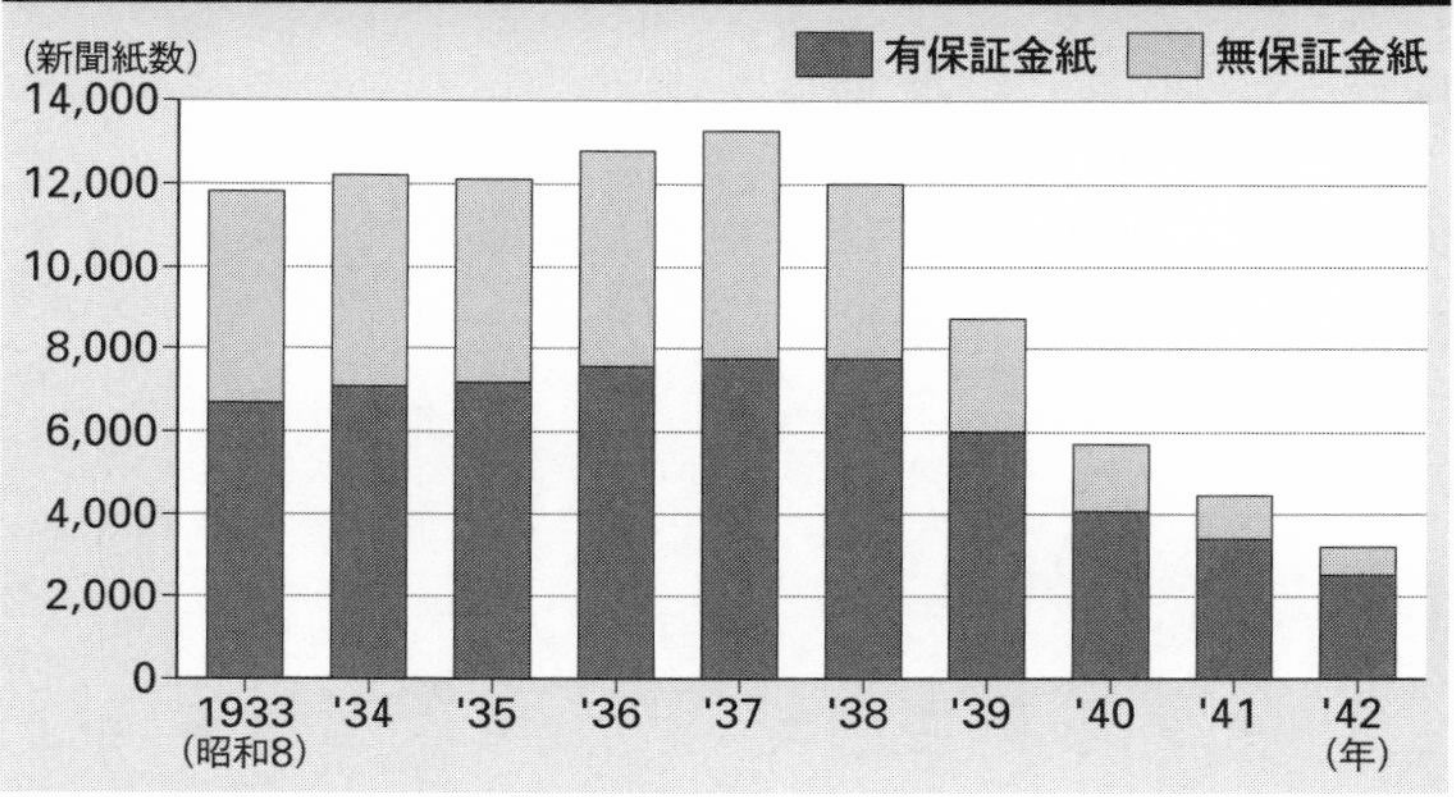

(出典)『出版警察資料』(昭和8年-14年)
『出版警察報』(昭和8年-14年)より著者作成

「新聞県」の比較(1938年7月時点の新聞紙数〈有保証金紙〉)

多数			少数		
1	東京	1978紙	47	徳島	21紙
2	大阪	794紙	46	山梨	27紙
3	愛知	489紙	45	沖縄	28紙
4	北海道	371紙	44	島根	35紙
5	兵庫	363紙	43	高知	36紙
6	福岡	361紙	42	鳥取	40紙
7	長野	339紙	41	香川	49紙
8	京都	331紙	40	埼玉	50紙
9	静岡	165紙	39	宮崎	52紙
10	神奈川	138紙	38	佐賀	53紙

(出典)内務省資料『出版警察資料』より

さらに日中戦争以降には、「普通紙」という基準も加えた。普通紙とは、一般向けの商業紙を指し、業界、政党、宗教の専門紙、団体機関紙などを「特殊紙」として区別した。つまり、一般向け商業新聞は、厳密には「有保証金・普通・日刊紙」と三つの基準を満たした新聞を指した。

当時の新聞業界には、現在とは異なる二つの特徴があった。それは、①多数の新聞が存在した②新聞が政党と深い関係を有していた——で、この二つは関連性を持っている。

日本の新聞は、明治期の自由民権運動という反政府運動の盛り上がりの中で、政治団体の主張を広める機関紙として誕生、発展した。こうした歴史的経緯から、政友会、民政党が交互に政権を担当する二大政党の時代に、各道府県内の市町村地域に両党の政党支部が配置されたのに合わせて、地方の新聞（地方紙）も市町村地域ごとに政友会系紙、民政党系紙が存在した。これら地方紙は政党の主張を掲載し、政党支持者も自身の支持する政党の系列紙を購読するというように、政党支持者が固定した購読者となり新聞の経営基盤が形成された。

全国四十七道府県では、人口比や面積に応じて多数の新聞が発刊された。東京、大阪、愛知、福岡の四大都市圏に多数の新聞が存在したのはもちろんのことだが、大都市圏ではないものの多くの新聞が発刊された地域もあり、特に兵庫、長野については「新聞県」と呼ばれた。

内務省の資料[2]によると、戦前期に最も多くの新聞が存在したのは、一九三八（昭和十三）年五月の一万三四二八紙である。日中戦争が始まった十ヵ月後の数字で、家族を兵士として戦地へ送り出している国民の「戦況を知りたい」という思いを反映している。しかし、この時をピークに、それ以降は急激に減少した。これは、新聞統合という言論統制が実施されたためだ。

新聞統合は、国家が強制的に新聞の発刊母体である新聞社という企業体を整理統合する統制のことである。国家が新聞の生殺権を握り強制するため、新聞統合は「戦時の言論統制時代の象徴」[3]と位置づけられている。

詳細は第十一章で説明するが、ここで概略だけ示しておくと、新聞統合は一九三八年八月に内務省によって開始された。内務省による新聞統合は、増加傾向を示す新聞紙数を前にして、日中戦争下の思想の取り締まり強化や検閲の円滑化、さらには戦略物資である用紙やインクの節約など、消極的統制の発想に基づいて、その実施が指示された。

一九四〇年十二月に内閣情報局が設置されると、新聞統合の担当は内務省から情報局へ移された。軍部が主導した情報局は、「新聞を総力戦体制に組み入れ、活用する」という積極的統制に基づいた新聞統合を実施する方針を固めた。この新聞統制は「一県一紙」と呼称されるもので、各県の有力紙を原則として一紙に統合し、県当局の広報宣伝紙として活用するという統制である。

その結果、一九四二年十一月までに、有力な新聞は、東京（五紙）、大阪（四紙）広島（二紙）を例外として他の道府県は一紙に統合され、全国四十七道府県総計五十五紙の一県一紙という分布の体制が完成した。日経、産経はじめ東京、北海道、中日、西日本という新聞は、この戦時期の新聞統合で創刊されたもので、この分布体制は現在も継続されている。

だが新聞の全てが五十五紙に整理統合されたという理解は、厳密には正しくない。図表に示したように、一県一紙が完成した後の一九四二年十二月でも三二〇六紙が存在している。これは、一県一紙の対象となったのは、有力な新聞（厳密には「有保証金・日刊・普通紙」）で、それ以外に弱小な新聞（厳密には、「無保証金・月刊・普通紙」）が約三〇〇〇紙存在したことを示している。

全国紙と地方紙の格差

こうした各地域に独自の基盤で展開してきた「地方紙」に対し、立ちはだかったのが「全国紙」である。「全国紙」は、東京、大阪を拠点に全国に販売網を有した大企業で、特定の政党支持の主張は出さず、一般ニュースを「客観的に報じる中立紙」を建前としていた。現在、全国紙は朝日、毎日、読売、日経、産経の五紙を指しているが、戦前期には朝日、毎日、読売の三紙であった。

戦前における日本全体の新聞の発行部総数は、一九二四（大正十三）年・六二五万部、一九二六（大正十五／昭和元）年・六七〇万部、一九三四年・一〇八〇万部、一九三七年・一一八三万部と推計されている。[4] これに占める全国紙の割合は、一九二四年に朝日、毎日二紙で四六％、一九二六年に五三％、一九三七年には力をつけた読売を合わせ三紙で五八％と、三紙の寡占化が進んでいった。

新聞社の収入が、新聞販売と広告収入を二本柱としているのは現在と変わらない。発行部数での寡占化は、一方の広告収入にも大きな波及効果をもたらし、双方が相俟《あいま》って、新聞の発刊組織である新聞社という企業間の格差を拡大させる。発行部数の多少が広告媒体としての評価に跳ね返る。部数が多い新聞社は広告料金も高く設定でき、広告主との取引においても有利なポテンシャルを確保できる。その広告収入を部数拡張のための資金に投入すれば、販売競争においても攻

全国紙の発行部数の推移

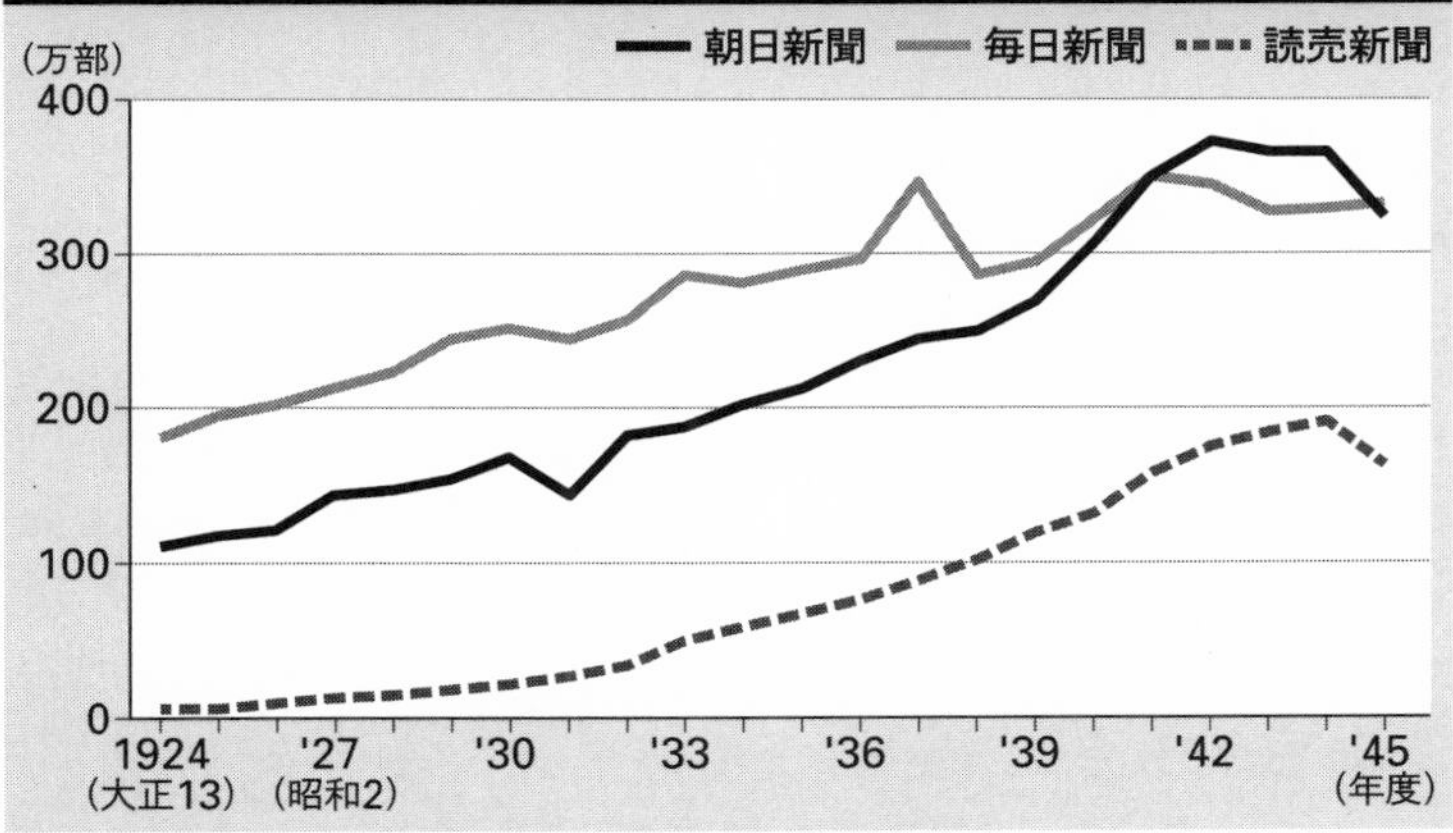

（出典）『朝日新聞社史』資料編（1995年）東京、大阪朝日の総計
『毎日新聞販売史』（1979年）大阪毎日、東京日日の総計
『読売新聞八十年史』（1955年）

勢が採れるのである。つまり、このメカニズムを作れる新聞社は「より有利」に、作れない新聞社は悪循環に陥り「より不利」となり、企業間格差はますます拡大する。朝日、毎日両紙は、時には新聞料金や広告料金の設定で共同歩調を取る協定（カルテル）を密かに結び、共通の利益には手を携えながら、一方では競い合い、販路を地方へと拡張させ、全国紙という大企業の地歩を築いた。

朝日は一九一九（大正八）年、毎日は一九一八年に合資会社を株式会社に改組し、いち早く企業の近代化を図っている。一九三〇年代初頭、朝日の株は創業者である村山、上野家が四〇％を掌握した。一方の毎日は王子製紙の藤原銀次郎を筆頭に、三菱、三井財閥幹部が八〇％を占有していた。

これに対し地方紙は、多くが脆弱な経営基盤で、財政窮迫に喘いでいた。一九三四年に東京帝国大学文学部新聞研究室が全国の新聞社九二一社にアンケート調査し、回答を得た三八七社を対象に地方紙の実態を分析している。その報告書『本邦新聞の企業形態』[6]によれば、当時の新聞社の企業形態は「株式会社」二〇・六％、「株式合資会社」〇・三％、「合資会社」四・六％、「合名会社」一・三％、「組合」四・一％、「個人」六八・九％で、その多くが個人経営である。

自由民権運動の政党機関紙として創刊されたという歴史を引き摺るため、地方紙は政党色を帯び、「該政党の政策及報知を徹底せしめ以て選挙に利せんことを発行の目的とする新聞」という性格を持っていた。同調査では、政友会系六八紙、民政党系二九紙、無産党系四紙、非政党系一九七紙という数値を挙げている。

調査は「総じて云えば、東京大阪の如き都会に於ける大新聞は政党的色彩が比較的に存在せず、近代企業としての営みをなすに反し、地方紙には企業としてよりも寧ろ政治的機関としての方が重大な意味を有し、従って収支関係から企業利潤を得るが如きは第二義的なる新聞が多々存する。企業という観点から見た中央紙（全国紙）と地方紙とを性質的に差別付けると、一は企業であるが、他は然らずと云うも過言ではない」などと指摘し、地方紙の多くは弱小で、「近代企業」の形態を有していない経営状態にあると結論付けている。

圧倒的な資本力を有する「近代企業」の朝日、毎日両紙は、「前近代」の企業形態の弱小地方紙がひしめく地方へ、大正末年から昭和初頭にかけて本格的に進出を開始した。同時期は経済不況の頃である。不況の煽りを受け広告収入、大都市での発行部数が共に大幅減少したため、新たな市場として地方に着目したのである。また一九三〇年には東京・神戸間で従来の十一時間から九時間に短縮する特急列車が出現するなど、交通網の整備による新聞の地方への輸送能力の向上した時期にも重なる。加えて高速度輪転機という技術革新も大新聞の地方進出を可能にした。朝日、毎日両紙は地元のニュース「地方版」を設け、地方の読者の関心を引き付けた。

全国紙の進出に対する地方紙の打撃の度合いは、地方と両紙が拠点とする東京、大阪との距離に比例しており、満州事変が起きた一九三一年の段階で、すでに両紙は埼玉や千葉などを支配下に収めていた。そして、名古屋では大阪朝日名古屋版が一万部、大阪毎日名古屋版が七七〇〇部を発行。福岡でも大阪朝日九州版が二三万三〇〇〇部、大阪毎日西部版が二万二〇〇〇部を記録していた。とくに福岡での大阪朝日は地元の福岡日日の一三万部を抜く部数である。

また日中戦争以降は朝日、毎日に加えて読売も全国紙の一角に躍り出て、全国三紙が競い合って地方への販売攻勢を展開した。

こうした中で、地方紙は政府に全国紙の販売攻勢を抑制するよう求めるようになった。後述するように、政府はこの地方紙の声を統制に利用した。すなわち全国紙と地方紙の激しい対立が、統制の実施に大きく作用したのである。

通信社の存在

この全国紙と地方紙の対立の狭間に存在していたのが、通信社というメディアである。契約している国内外の通信社、新聞社、放送局のメディアや企業など専門業者に対して、収集したニュースを頒布する報道メディアで、「ニュースの問屋」とも称されている。

全国紙にとって通信社は、その通信社が提携している外国通信社の国際関係ニュースを入手するためだけに必要な、言わば「補完的存在」である。しかし地方紙にとっては、通信社が頒布する国内外のニュースで紙面の多くを制作しているだけに、通信社は「必要不可欠な存在」である。一方の通信社側も、その関係の濃淡の相違から、地方紙を重視する。後述するように、こうした通信社と全国紙・地方紙との関係が、戦時期の言論統制に大きな影響を及ぼした。

明治期には政治主張を系列の地方紙へ頒布することを目的とした通信社が多く存在したが、大正期には一般ニュースを頒布する通信社が力をつけ、中でも「帝国通信社(帝通)」と「日本電報通信社(電通)」が二強として存在感を示した。

帝通は立憲改進党の機関通信社として、一八九二(明治二十五)年に設立された通信社で、改進党(後に民政党)系の地方紙を基盤とした。一方、現在は広告代理店として知られる電通は、もともとは光永星郎が一九〇七年に設立した通信社で、広告代理店業も併せて業務展開した。光永は自由民権運動で自由党の壮士として保安条例の処分対象となるという経歴を持ち、その人脈から主に政友会系の地方紙を顧客とした。

こうした中、国際関係ニュースを専門とする国際通信社(国際)が、一九一四(大正三)年に誕生した。国際は、財界の大立者である渋沢栄一の主導で発足した。これは、欧米の新聞に日本に関する記事がほとんど掲載されていないことに不満を感じ、日本に関する情報を国際社会に送信することが必要だという渋沢の動機に基づいている。国際は資金を提供した財界各社の合資会社組織を採用し、外務省情報部も多額の補助金を供与した。社長には当時、日本製鋼所の役員であった樺山愛輔が就き、AP通信社を退社したジョン・ラッセル・ケネディが経営・編集の実務に当たった。樺山は海軍大将、伯爵樺山資紀《すけのり》の長男で、文芸評論家白洲正子の実父である。

だが国際は、当初の意気込みとは異なり、英ロイター通信社の記事を日本の新聞各紙に翻訳配信する代理店業としての活動しか出来なかった。当時、世界の通信社は、ロイター（英）、アヴァス（仏）、ヴォルフ（独）が一八七〇年に「国際通信協定」を結んで、それぞれ「領域」を定め、その領域内にある各国の通信社を系列化していた。自社の記事の独占頒布権を与える見返りに、各社の自由なニュースの送受信を禁じたのである。国際協定は一九三四（昭和九）年まで存続し、三大通信社が半世紀以上にわたり、世界を分割支配した。同協定の下で、日本の通信社である国際はロイターの「領域」に組み込まれ、自由な活動は禁じられた。

岩永裕吉の動機

単なる「ロイターの代理店業」という活動しか出来なかったため、国際の経営状態は厳しく、それに伴い社長の樺山と総支配人のケネディとの関係も悪化し、ケネディは更迭。代わりに岩永裕吉が総支配人に就いた。

岩永は一八八三（明治十六）年九月、明治政府の内務省初代衛生局長の長与専斎の四男として生まれた。長兄の長与称吉は男爵、三兄の又郎は東京帝大総長で男爵、末弟の善郎は白樺派の作家という名門の出である。幼少期に母方の叔父、日本郵船専務・岩永省一の養子となり、莫大な遺産を受け継いだ。旧制一高では新渡戸稲造の薫陶を受け、京都帝大卒業後は後藤新平の誘いで、鉄道院へ入省。退官して「岩永通信」という国際関係の情報誌を発刊する会社を経営していた。

ところで岩永の通信社に関与する動機について、岩永をよく知る松本重治は次の指摘をする。

「岩永さんと近衛（文麿）さんがパリで顔を合わせたことは運命的な出会いと言って過言ではないだろう。近衛さんは、日本に海外向け通信社を早急に設立する緊急性をぶち上げ、岩永さんの心を触発した。新渡戸先生もまた海外向け通信社を日本に設立することを勧めた。恩師と友人が同じ大志を持っていたことは、岩永さんに大きな影響力を及ぼした」

これは鉄道院総裁だった後藤新平の下野に従い岩永が鉄道院を退官した直後のことで、一九一八（大正七）年に後藤、新渡戸と共に欧州を旅行している。一方の近衛は、第一次世界大戦終結後に、パリで開かれた講和会議の日本全権西園寺公望の随員として同会議に出席していた。岩永と近衛は旧制一高、京大の同窓で、「公爵」「裕吉君」と呼び合う仲であった。

ちなみにここで引用した松本重治だが、本書ではたびたび登場することになるので、改めて触れておこう。松本の母・光子は明治の元勲松方正義の四女で、母の兄である松方の長男・松方巌の夫人保子は岩永の姉である。岩永は遠縁にあたる松本を「自身の後継者に」と見込んで、後に立ち上げる「日本新聞聯合社（聯合）」に入社を求めた。これに応じた松本は上海に赴任し、蔣介石が拉致監禁された西安事件をスクープするなど中国問題の専門記者として名を馳せた。松本は聯合が電通と統合し設立された同盟通信社では編集局長を務め、戦時報道を指揮した。近衛の側近としても知られる。

古野伊之助の来歴

さて、帝通と電通の二大通信社に対して、国際関係報道を軸足に定めた国際を引き継いだ岩永。その岩永の片腕として活躍したのが、本書の主人公でもある古野伊之助である。

古野は、一八九一（明治二十四）年十一月十三日、三重県富田村（現在・四日市市富田）に、女三人、男一人、四人きょうだいの末子として生まれた。富田村は江戸時代には伊勢参りの客を相手にした「焼き蛤」が名物の、伊勢湾沿いの港町で、父は鰹節の行商を生業とした後、手織り織物業の機屋《はたや》に転業し村会議員も務めている。だが古野が五歳の時、不慮の事故で三十九歳の若さで急逝した。母は機屋を続けたが、経済的困窮を強いられた。

古野は尋常高等小学校卒業後、見習い看護婦として東京で働いていた次姉に触発され、十五歳の時に上京する。洋品店や証券会社の小僧を務めながら実用英語の専門学校国民英学会で学び、一九〇九年に米AP通信社東京支社に給仕として採用された。当時、APの東京支局長は、先に触れたジョン・ラッセル・ケネディであった。古野はその英語力が高く評価され、数年後には翻訳係に昇格する。この間、古野は早稲田専門部に入学したが、働きながらの苦学生だけに「遊び半分の学生が多く学ぶに足らない」と中退し、講義録で自習したという。

その後、古野は、ケネディと共にAPを退社したが、国際通信社へは直ちに入社せず、浪人生活を送った。貿易に従事したいという希望もあったという。だが、ケネディから国際への入社を求められ、これに応じた。ケネディは古野の翻訳能力や統率力の高さを評価し、一九二〇（大正九）年には北京支局主任を命じた。当時、駐中国公使館付武官には、板垣征四郎、河本大作、鈴

板垣征四郎（左）と古野（1938年，山東省沂州）

木貞一がおり、大総統府最高顧問坂西《ばんざい》利八郎の補佐官として土肥原賢二がいた。いずれも戦時期に軍幹部として名を馳せることとなる陸軍軍人たちである。北京赴任中の古野は、これら若き軍人と親しい関係を結んだ。気質的に「馬が合った」のだろう。鈴木とは、とくに緊密な関係にあり、それが後年、大きな意味を持つことになった。

そうしている間に国際の経営状態は悪化し、総支配人であるケネディへの批判が挙がると、古野は急ぎ帰国し、ケネディに引退を説得し、一方で岩永に総支配人就任を求めるというように、支配人交代劇の舞台回し役を務めた。持ち前の「調整力」を発揮したといえる。またケネディへは多額の退職金が支払われたが、これは、国際へ補助金を供与している外務省に対し古野が働き掛けた結果によるものという。

ナショナル・ニュース・エージェンシーの誕生

国際の総支配人となった岩永はその後、外務省情報部を説得し、情報部が経営していた中国関係専門の通信社である東方通信社を統合し、一九二六（大正十五）年、新たに聯合を設立し、その専務理事に就任した。聯合は、米ＡＰ通信社をモデルとして、新聞社で構成する新聞協同組合、非営利の公益法人という会社組織を採用したが、これは後継の「同盟通信社」に踏襲され、現在の社団法人共同通信社に引き継がれている。

聯合はロイター電に加え、新たに国内ニュースの頒布を開始し、一九二九（昭和四）年に放漫経営から倒産した帝通の後を引き継ぎ、民政党系の地方紙を顧客に、昭和初期には電通と覇を競う「電聯二大通信社」と呼ばれるまでに成長した。岩永は、自由に活動が展開できる「通信報道の自治権」の獲得を掲げ、同じようにロイターの支配下で自由な活動が制限されていた米通信社APと連携して、世界三大通信社の「世界分割協定」を全面廃止へ追い込むことに成功した。

古野は、岩永の片腕として重きをなした。岩永と古野は、年齢、出自、学歴も異にし、政治信条でも岩永は「リベラル（自由主義）」「親米英派」を自認したのに対し、古野は「国家主義」で陸軍軍人と懇意という差異があった。松本によると、岩永は古野について「あまり兵隊と仲良くなり過ぎるのは考えものだ。その点、古野君と僕は残念ながら違う」と、不満を漏らしていたという。

しかし二人は、日本に英ロイター、米APと肩を並べる大規模な通信社を設立しようという理想を共有していた。古野は、岩永と共に、「ナショナル・ニュース・エージェンシー（国家代表通信社）」の設立を目標に掲げて、電通との統合を政府に働きかけた。満州事変・満州国建国で国際的に日本が孤立する中、対外情報発信組織の設立を企図していた政府の主導で、統合に反対する電通の抵抗を押し切り、一九三六年に聯合と電通の通信社部門が統合する形で「同盟通信社（同盟）」が設立された。日本初の「ナショナル・ニュース・エージェンシー」の誕生である。初代社長には岩永が就任したが、設立から三年後の一九三九年、心臓病で急逝した。後任社長に常務であった古野が就いた。

私心なき策士

ケネディに見出され、岩永の信頼を得て、ついに同盟の社長となった古野だが、風貌はイガグリ頭の村夫子然としたもので、国際報道の言葉が放つイメージとは少々かけ離れたものであった。その人柄について腹心の部下である岡村二一《にいち》は次のように評している。

「古野というのは、俗にいえば策士です。策士と誤解されやすい。だけど古野の策略には一片の私心もない。その正反対が(読売社長)正力松太郎で、自分のまたは自社の利益が先に立つ。古野は死んでも遺産など一つもなかった。それに表に立つことをしなかった。岩永生存中はずっと岩永の陰に隠れて知恵袋を務めた。彼の道楽といえば、ナショナル・ニュース・エージェンシーの仕事と、終戦後には食糧問題に熱中する、そういう理想主義にだけ生きた男です。私が家を購入した時、会社から借金をしたが、経理部から『返済しなくてもよい』と言われ、聞くと『社長の古野が毎月支払っている』と言われた。大学をアカで追われた奴も採用する。いつの間にか彼らは、古野に心酔してしまう。個人的な名誉や金銭には恬淡で、公的観念や正義感が強く、国士としての風格があった」[7]

また、古野は自身がそうであったため、苦学生をかわいがった。北京に駐在した際には、米騒動に参加して警察に追われ中国へ逃れて来た鈴江言一の面倒を見た。鈴江は中江兆民の息子・中江丑吉の指導を受け、『中国無産階級運動史』などを著し、中国共産党の創設にも関わった人物として知られる。「鈴江はアカですよ。気を付けた方が良い」と忠告されたが、古野は「鈴江がアカなら、俺の方がもっとアカだろう」と笑って取り合わなかったという。こうした証言などが示すように、古野は親分肌の気質で、給与の半分しか受け取らず、半分は社内に積み立てて、社員に借用させるなどの気配りを見せた。[8]

このような古野は、読売社長の正力や電通社長の光永星郎という事業家タイプの人物を、「営利主義の塊」と見做して嫌悪していたといい、その考えは全国紙と地方紙に向き合う姿勢にも見ることが出来る。次に示すのは古野が「地方紙の庇護者」と呼ばれたことを表わす指摘である。「古野はべつに学殖知能に富んでいるのではなかったが、独自の信念で人に深く接触し、相手を引きずっていくところがあった。大新聞の圧迫下にある小新聞を救わねばならぬというのだ。古野はそれをいろいろな角度から実行した。このため有力新聞社である全国紙とひどく気まずい関係を醸し出した。全国紙の白眼視を見下ろしながらも、底知れぬ実力をたくわえた惑星のような存在となって、嫉妬と畏敬とを一身にあつめながら隠然たるものがあった[9]」。

したがって全国紙の関係者からは蛇蝎《だかつ》のごとく嫌われた。「一部の新聞人は軍部に迎合するようになってきた。しきりに軍の幹部級とか中堅、若手の勇ましい議論をする将校を招いて酒食をすすめ、革新官僚という連中ともよく会って、その意を迎えるようになった。不愉快に耐えなかったのは、新聞社の幹部たちが新聞経営上の知識を彼らに与え、新聞の生命である紙の使用量の制限その他、新聞のもっとも苦痛とする弱点をいかに攻めればよいかを彼らに教えたことである。

その首謀者は同盟通信社社長の古野伊之助である」[10]など厳しい批判を浴びた。

このような批判が示すように、古野が通信社というメディアの経営者に留まらず、言論統制に深く関与したのは事実である。

二つの言論統制

古野が関わった言論統制の検証を進めるに当たり、今一度、本書のキーワードである「言論統制」について説明しておきたい。プロローグ冒頭の言論統制の定義が示すように、言論統制には、抑制と活用という質を異にする二つの行為が存在する。抑制は「消極的統制」、活用は「積極的統制」と区別して呼称される。

消極的統制とは、「異端（批判）の抑制・排除」を目的とするものである。国家が（国家にとって）不都合な事実を報じることを禁止すると共に、出された記事についてもチェックして修正、伏せ字、発禁を命じる。この統制は、明治政府が一八六九（明治二）年に公布した出版物を対象にした出版条例が出発点で、一八七五年には新聞を対象にした新聞紙条例が制定された。その後は自由民権運動や社会主義など、時代に応じて高まる反政府運動を抑制するため、より厳しい統制が盛り込まれ、一八九三年に出版法が、一九〇九年には新聞紙法が制定された。

そして第二次大戦期に入ってからは、軍機保護法（一九三七）、軍用資源秘密保護法（一九三九）、新聞紙等掲載制限令（一九四一）、国防保安法（同）、言論出版集会結社臨時取締法（同）、戦時刑事特別法（一九四二）など数多くの法令が制定され、消極的統制の稠密化が図られた。この消極的統制は明治期以来、警察が出版物や新聞をチェックする、「検閲」という手法が用いられた。検閲は内務省警保局図書課を「本部」とし、各道府県の特高警察がその任に当たった。

検閲という消極的統制は特高警察の「お家芸」のようだが、戦前、戦時期の日本だけが行ったものではない。憲法で言論の自由を規定しているアメリカでも太平洋戦争が始まると検閲局が設立され検閲を行った。その際、検閲局長に据えられたのがAP通信社の編集主幹バイロン・プライスである。戦時期、言論統制の中心に位置した人物が日米共に、「通信社」というメディアの幹部であったことは興味深い。通信社というメディアは、その性格上、国家との間に密接な関係が存在する。新聞への情報・ニュースの頒布という通信社の業務は、国家にとって国内外双方での世論形成上、大きな魅力に映じるからだ。

国際社会に対する情報送信は、戦時においてはプロパガンダ（政治宣伝）送信という役割を担わせることが出来る。国内世論についても、通信社を通じて政府が規格化したニュースだけを頒布することが可能となる。戦前期に政府が同盟を「国策通信社」と位置付けて補助金を供与したのには、こうした通信社の活用という狙いが存在した。現代においても中国の通信社、新華社は国営で、フランスでも政府がAFP通信社の運営に関与している。

ただ、アメリカの場合、「自主検閲」と称し、強圧的に検閲するのではなく、メディア側に自主性を促し、メディア自身が言論を抑制するという手法が採られた[11]。強弱の差異はあるものの、検閲という統制に変わりはない。プライスは「総力戦においては、検閲は兵器であり、必要悪である」と語っているように、アメリカでも検閲という言論統制を実施したのである。さらにアメリカは戦争終結後、占領下の日本で、一般の日本国民の郵便物を開封、電話盗聴するなど、戦時期の日本以上の厳しい統制を行ったことも、よく知られる通りである。

一方の積極的統制は、メディアを参加させ「同調化造出装置」[12]として国民を意図した方向へ導くために活用する統制のことである。戦争遂行の総力戦体制にメディアを組み入れ、活用することを主な目的とした積極的統制は、第一次世界大戦の「総力戦」という考えと共に生まれている。同大戦は、人類史上初の世界規模、長期にわたり行われた戦争で、戦争遂行には「国家および国民の物質的精神的な全ての能力を動員結集し、国家の総力を挙げて戦争に臨むことが必要だ」[13]という認識に基づき、戦争支持という国民の世論形成にメディアを活用することを求めた。

日本でもこうした考えに反応し、大正期に、陸軍省新聞班（一九一九）、外務省情報部（一九二〇）、海軍省軍事普及委員会（一九二四）が設置された。外務省は国際世論形成、陸海軍は国内世論形成にメディアを活用することを意図したものだ。後述するように、戦時期に入ると、政府は言論統制の一層の強化を図るため、これらの組織の統廃合と拡充を進め、一九四〇（昭和十五）年に内閣情報局を設立した。情報局は消極、積極の二つを合体させ一元的な言論統制を行うことを目的とした組織で、実際に大きな力を発揮した。

すなわち言論統制は、明治期の消極的統制を源流とし、時代の趨勢に伴い、大正、昭和戦時期に積極的統制が導入されたという大きな流れが存在する。重要なのは、政府が統制組織を整備拡充したことに加えて、統制の対象（被対象）の存在であるメディア側が、統制に参加したことだ。そして、その動きを主導したのが、同盟の社長、古野だったのである。

第二章　変貌する報道メディア

一九三一（昭和六）年に勃発した満州事変を契機に、日本は長きにわたる戦争の道へと踏み出した。

日々メディアを通じて報じられる戦果の報告に国民は狂喜し、その狂喜は新聞の購読部数を押し上げた。もはや「反戦」の文字は営業上の足枷でしかなく、記者たちは挙《こぞ》って戦地へ向かった。

こうした時代の「熱気」の中でメディアは、大正デモクラシー以来の自由な言論を放棄し、大きく変貌していった。

非公式で誕生した情報委員会

一九三一（昭和六）年九月十八日夜、奉天北郊の柳条湖付近で南満州鉄道（満鉄）の線路の一部が爆破された。中国の関東州の守備や満鉄付属地の警備を目的として駐屯した日本の関東軍が爆破したもので、この柳条湖事件は満州全体を舞台とした満州事変へと発展した。関東軍は一気に満州全域を占領し、翌年三月には満州国の建国を宣言した。国際連盟は日本の対応を批判し、リットン調査団がまとめた満州国を否認する勧告決議を採択した。日本はこれを不服として一九三三年三月に国際連盟を脱退した。満州での軍事行動、それに続く満州国の建国を推進する日本に対する国際世論の厳しい批判が高まる中で、政府はその対応を迫られた。

この時期、政府内で情報に関わる組織は、内務省警保局図書課、外務省情報部、陸軍省新聞班、海軍省軍事普及部（軍事普及委員会を改称）の四つで、それを統一する政府全体の組織は存在していなかった。外務省情報部長の白鳥敏夫は、日本に有利な国際世論を形成するため、政府として対策を講じる必要があるという判断から、陸軍省新聞班班長の鈴木貞一中佐（当時）に「対外宣伝の統一を図るため、外務、陸軍両省関係者が定期的に意見を交換してはどうか」と提案し、鈴木もこれに応じた。白鳥と鈴木は、犬養内閣の森恪《かく》書記官長を介して緊密な間柄にあった。森は対中国に強硬姿勢で臨むことを主張した政治家である。

白鳥は一九三〇年に情報部長に就任し、国際連盟の脱退、さらには日独伊三国軍事同盟締結を主導するなど陸軍の主張に同調した外務官僚として知られている。一方の鈴木は、陸軍を代表して企画院、興亜院という政府機関に関与し、陸軍中将で予備役に編入、第二次・第三次近衛内閣、東條内閣で企画院総裁（国務大臣）を務めるなど総力戦体制の中心的役割を果たし、「背広を着た軍人」と評された人物である。第一章で触れたように、鈴木は古野とも親密な関係を有していた。

一九三二年六月、白鳥と鈴木は、意見交換の場を「時局同志会」と命名し、外務、陸軍の関係者による初会合を開いた。八月の会合で、鈴木は「対内外宣伝委員会案」と題した案を提示した。

鈴木貞一

白鳥敏夫

同案は内閣書記官長を委員長に、陸軍、海軍、外務、内務、文部、逓信の六省にメンバーを広げ、首相直属の委員会として設置することを主内容としていた。白鳥と鈴木の強い働き掛けで、翌九月、同志会に代わり、鈴木の案に沿った「内閣情報委員会」が発足した。委員会は外務次官を委員長とし、外務、陸軍、海軍省から各二名、文部、内務、逓信省から各一名、局部長級で構成された。また、その下部組織には外務省情報部長を幹事長とし、当該の省の課長級で構成する幹事会が設けられた。

　この情報委員会は、「正式な政府組織の設置には法令上の手続きが必要で、それには相当の日時を要す。しかし対内外啓発宣伝は、焦眉の急である」という認識から、法令に基づかない非公式な（非官制）、六省の連絡機関という位置づけで出発した。[1]「対内外啓発宣伝は、焦眉の急」とは、この時期に国際連盟のリットン調査団が来日し、日本や満州での調査活動を行うなど、満州問題への関心が国際的に高まっていたことを指している。委員会の発足は、こうした事態に政府が抱いた危機感を反映したものであった。

情報委員会は行政的な権限は持たなかったものの、初めての政府の統一した情報組織として、一九三六年七月に法令に基づく官制の内閣情報委員会が設置されるまで約四年間機能した。国際情報を扱う外務省、軍事情報を扱う陸海軍省、新聞、出版を検閲する内務省、放送を検閲する逓信省の間の意見調整など、政府の情報政策に関わる唯一の組織として、大きな役割を果たした。情報委員会はその後、内閣情報部、内閣情報局と拡充されてゆく政府情報組織の出発点という意味を持っている。

変質した社論

満州事変勃発は、電通の満州支局がスクープした。新聞各紙は電通が配信した記事を使用し、一九三一（昭和六）年九月十九日付朝刊で事変の第一報を報じた。『日本新聞年鑑』（一九三二年版）には「編集では趣味頁戦。販売では付録戦。広告でもプレミアム戦。その他興行的事業部戦。以て聊《いささ》か邪道に踏み込もうとしていた新聞界も、満州事変の突発によって忽ち極度に緊張した。新聞の生命たるニュースの速報戦、世論の統一指導、愛国運動等の正道に復帰した。全新聞界は今や国家の忠誠な軍隊となって、国難打開の最前線に総動員した」と記されている。

「国家の忠誠な軍隊」とは、月刊誌『改造』が「大きな抜いた、抜かれた、の話はなく、各紙とも軍部側の純然たる宣伝機関と化したといって大過なかろう」（一九三一年十一月号）と揶揄したように、全ての新聞が事変を「日本の正当防衛」という主張で筆を揃えたことを指している。朝日、毎日の全国二紙は、大勢の従軍記者を現地派遣し、戦地で撮影した写真、映画の上映会、従軍記者や軍人の講演会、記念品展覧会、慰問金の募集、軍歌の献納など多種多様な企画を実施し、記事ばかりでなく戦争に協力する事業も展開した。

毎日は元来、陸軍とは親密な関係で、同紙関係者は「事変が起こったあと、社内では口の悪いのが自嘲的に『毎日新聞後援・関東軍主催・満州戦争』などといっていましたよ[2]」と指摘している。また「主筆の高石（真五郎）さんは、外国生活が長くてリベラルな考えを持っていた人だが、満州事変に関しては、非常な強硬論でした。領土的野心をもつのではなく正当に保持している経済的権益を守るので、第三国の介入を許さぬというものでした[3]」という証言もある。

これに対し、朝日は多少の曲折を経ている。大正から昭和初期に「自由主義」を標榜した同紙は、事変が起きる直前の一九三一年五月から六月にかけ、当時東京朝日編集局長だった緒方竹虎の司会で、「行財政整理座談会」を連載した。座談会には東京帝大教授・美濃部達吉、元満鉄総裁・山本条太郎、元逓信相・久原房之助、貴族院議員・有吉忠一、国民同志会会長・武藤山治《さんじ》らが出席し、有吉が「連隊区司令部と憲兵は無用の長物であり、廃止して差し支えない」と発言すると、武藤も「（軍事費節約のため）陸海軍の経理部とか経営部などには軍人以外の人、民間の経営者がその任に当たるようにしたらよい」などと主張し、紙面で軍事費削減の論陣を張った。

この座談会記事に陸軍は強く反発し、とくに「軍都」と呼ばれた師団司令部や連隊本部のある地方都市では、在郷軍人会が不買運動を展開した。

先に示したように、朝日の当時の発行部数は、一九二九年・一五五万三八九五部、一九三〇年・一六八万一七四四部と部数を伸ばしたが、一九三一年は一四三万五六二八部と大幅に減少している。これはこの不買運動によるもので、朝日は厳しい経営状態に立たされた。そして、この間隙を突いて出てきたのが、一九二四（大正十三）年に正力松太郎が買収した読売新聞である。一九三〇年に二二万三五一部だった部数を、一九三一年には二七万八一七部へと伸長させている。

大阪朝日は事変発生直後の社説（九月二十日付朝刊）で、「日支兵の衝突　事態極めて重大」と題して、「本事変の解決のために、必要以上の戦闘行為拡大を警《いまし》めなければならぬのである。特に此際、出先きに対して、必要以上の自由行動をせざるよう厳戒すべきである」などと不拡大を主張した。だが、わずか十一日後の十月一日付朝刊の社説では「満蒙の独立成功せば　極東平和の新保障」と題して「現在の国民政府が、現実の状態と歴史的事実を無視して三民主義の理想を満州にまで実現すべく試み、日本の有する正当の権益をも一掃してしまおうとするには、必ず日本との衝突は免れないであろう。東三省の住民は、進んで国際紛争を防止する手段を講じなければならぬ。これ満州緩衝国設置の必要なる所以である」と満州の独立支持へと、主張を一転させた。

月刊誌『改造』はこうした朝日の方針転換を、「ホガラカついでに、朝日新聞ともあろうものが、軍部の強気と、読者の非買同盟に一たまりもなく恐れをなして、お筆先きに、手加減をした。いや、軍部の頭株のために一席設けて、よろしく意志の疎通を計ったなどは、例え一場のゴシップだと聞流しても愉快じゃない。泣かにゃならん女の身、売らにゃならん新聞紙、これでもジャーナリズムの勝利というのか」(一九三二年十一月号)と厳しく批判。月刊誌『文藝春秋』も同様に、「東京朝日は昨年の秋、赤坂の星が丘茶寮(料亭)に幹部総出動で、軍部の御機嫌をひたすら取り結んで、言論の権威を踏みにじった」(一九三二年五月号)と反発する文を掲載している。

こうした雑誌の記述は参謀本部の「満州事変機密作戦日誌」からも確認することが出来る。そこには「(九月二十一日)二宮次長ハ東京朝日ノ編集課長ヲ招キ其意ヲ質シタル所『責任ヲ以テ云ウコト能ワザルモ、予ハ陸軍ノ立場ヲ支持スベキ必要ヲ感ジアリ』トノ意ヲ表明セリ」と記載されている。[4]編集課長は編集局長のことで、具体的には緒方竹虎を指している。この方針転換以降、朝日は出遅れを取り戻すかのように、協力事業を展開して軍部の追随に走った。

肉弾と爆弾

朝日、毎日の活動について月刊誌『文藝春秋』は次のように評している。

「二大新聞は紙面に其の実力をみなぎらしている。二大新聞のあいだに満蒙、上海××〔戦争〕をはさんで演じられた競争は我々、読者にとっては滑稽なほど面白い。平時においては、一つが右へゆけば、他の一つは左へゆく、あちらが白といえばこちらは黒だと言う、と言ったように競争のために対立的方向を執ってきたものであるのに満蒙、上海××〔戦争〕に対しては××〔軍部〕の××〔指導〕にあって同一の方向、即ち××〔戦争〕熱を煽るために競争するに到っては二大新聞の権威と無冠の帝王のために涙ぐましい憐れな話である」(一九三二年四月号)(××は検閲で伏字された部分で、〔 〕内は原文を復元したもの。以下、同）。

また朝日、毎日両紙は揃って、日本の軍事行動と満州国の建国の正統性を主張する記事を、欧米の有力新聞に送り、掲載するよう求めた。『日本新聞年鑑』（一九三二年版）によると、その主張は以下のようなものである。まさに情報委員会が図る「対外宣伝の統一」を体現した内容といっていいだろう。

朝日「連盟理事会が撤兵をもって（紛争調停の）前提条件となさんと即断するは、一応尤《もっと》もなるかのように思われる。さりながら、それは支那が、ヨーロッパのいずれの国とも比較し得るほど秩序が整い法律が備わり、且つ国際的信義を重んずる国であってはじめて、期待される。連盟理事会の猛省を促す」

毎日「満州は日本の運命に緊密なる関係あり、満州は地理的に、日本の心臓に擬された拳銃である。（日露戦争以来）二十有余年日本は、荒野を豊饒なる穀倉に化せんと、尽力財力を傾けた。日本鉄道守備隊はやむなく行動、国際交通路の爆破は譲渡地帯（条約による）に駐屯する日本軍を駆って、行動に出でしめた。日本が侵略の誹《そし》りを受けんとは、実に一つの驚きである」

こうした当局、メディアの情報を巡る動きが起こる中、満州での戦闘は一九三二（昭和七）年には上海に飛び火した。同年二月、トーチカと鉄条網で守られた中国軍の陣地を攻略するため、三人の日本軍兵士が爆弾を抱えて陣地に突入し戦死した。彼らを朝日は「肉弾三勇士」、毎日は「爆弾三勇士」と異なる呼称を用いて賞賛した。毎日では「爆弾と肉弾のどちらか判らなくなって、ウッカリ取り違えて大目玉を食らう」[5]事態も起きている。

さらに朝日は勇士を讃える歌詞を読者に懸賞募集し、一等作を山田耕筰に作曲を委嘱し、「肉弾三勇士の歌」として軍へ献納した。毎日も懸賞募集したが、大家である与謝野鉄幹が作詞した「爆弾三勇士の歌」を当選作とし、戸山軍楽隊に作曲を委嘱し、同様に献納した。

「(大阪)堂島川を挟んで(本社ビルが建つ朝日と毎日はそれぞれ)肉弾三勇士と爆弾三勇士の歌を軍楽隊の演奏パレードでガンガンやり、近所近辺は私語も出来ない騒ぎであった」[6]という。

「写真号外」というキラーコンテンツ

事変の速報は、九月十九日午前七時に日本放送協会のラジオがラジオ体操の放送を中断し、「臨時ニュース」として放送したが、これが日本における「臨時ニュース」放送の最初である。

戦況のニュース速報は、ラジオというニューメディアに取って代わられたため、新聞の号外は、速報よりもビジュアルな写真で読者を惹きつける「写真号外」という形態へと変化した。

勿論、「号外」であるから速さが大切で、フィルムを輸送する飛行機が重視された。月刊誌『文藝春秋』が「二大新聞は飛行機を満蒙と上海の空に飛ばせ、多数の従軍記者を戦線に動員して華やかに活動しているのに其他の新聞は両社の何分の一にも及ばない。実力の相違はいかんとも出来難いのである」(一九三二年四月号)と指摘するように、朝日は現地で撮影したフィルムを、直ちに列車で朝鮮・京城（現在のソウル）まで輸送。日本を飛び立ち同地で待機していた自社機が広島へ運び、さらに別の自社機が大阪まで空輸し、大阪本社からは東京朝日へ電送した。それを事変発生の翌々日の二十日午後に東京で「事変を伝える初めての写真」という触れ込みで写真号外として発行した。毎日も京城までは列車で、京城から福岡県・大刀洗まで日本航空輸送の飛行機で、大刀洗から大阪へ自社機で空輸し、大阪本社から系列紙の東京日日へ電送し、朝日に若干遅れたが同じように写真号外を発行した。

朝日では事変勃発の一九三一（昭和六）年九月に七回、十月に一回、十一月に七回、十二月に六回の号外を出したが、計二十一回の号外の中、十七回が二ないし四頁建ての写真号外であった。新聞報道の花形とされた写真号外は、自社機を有した朝日、毎日の独壇場で、当時まだ力量がなかった読売は、北海タイムス、河北新報、新愛知、福岡日日の地方紙と提携して飛行機をチャーターし、二社の後塵を拝している。朝日、毎日の写真号外は反響を呼び、地方では両紙に乗り換える購読者が多数にのぼり、静岡県下の地方紙などは致命的打撃を受けたと言われている。飛行機の有効性を認識した朝日、毎日、読売は、陸軍に軍用機の払い下げを陳情し、事変後に陸軍から各一機ずつ払い下げを受けている。[7]

朝日、毎日両紙は、写真を『満州事変写真画報』（朝日）、『満州事変画報』（毎日）という書籍として出版、「満州戦局写真展」を東京、大阪はじめ各地で開催した。さらに戦地で撮影したニュース映画を公開したが、国民は映画を「わが兵の勇姿、歩武堂々の行進、占領された敵営、輝く日章旗等々拍手と歓呼は随所に湧き、去りやらぬ会衆のため二回繰り返し映写」（『日本新聞年鑑』一九三二年版）というように、熱狂して迎えた。

慰問で集めた購読者

さらに朝日は「慰問義金」と称した献金を購読者に呼びかけ、慰問金寄託者の金額、住所、氏名を紙面で発表した。同年十一月五日で締め切りとしたが、その後も寄託は続き、一九三二（昭和七）年四月末で四十五万円余も集まり、幹部が戦地に赴いて、関東軍、上海派遣軍に現金およびシャツ、ズボン下などを贈呈した。また戦地の兵士へ向けた慰問の作文を「駐屯軍の将士を精神的に慰安し、一層その志気を鼓舞するため、全国小学校生徒諸君の慰問文をお取次ぎいたします」（朝日、一九三一年十月二十八日付朝刊）と呼び掛け、児童の「兵隊さん、ありがとう」という作文を選考し、これに賞金を授与した。

『日本新聞年鑑』（一九三三年版）には、朝日「本社は此の国家非常時に際し、報道報国の大使命に向って邁進し事変に処するため巨額の費用を惜しまず、編集業印刷各方面益々積極的方針のもとに挙社精神努力せしため、幸に難局を突破して社業の基礎を益々堅固ならしむるを得」、毎日「事変突発以後に於て本社の措置頗《すこぶ》る機宜に適し新聞紙の使命を完全に遂行すると共に真に大新聞社たるの機能を遺憾なく発揮したるを以て其の信望声価一層加わり発行部数頓《とみ》に激増し、爾来今日に至る迄連日、増紙の趨勢を辿りつつあり」と、両紙揃って発行部数を激増させたことが、記されている。

戦後に刊行された『朝日新聞七十年小史』は「経理面の黄金時代」との小見出しで、「新聞は非常時によって飛躍する。朝日の満州事変以来の発展ぶりはあえて異とすべきでないが、内外にわたるビッグ・ニュースの頻出、国際情勢の緊迫化は、編集面にも経理面にも著しい結果となって現れた。筆陣はジリジリと統制のかせに嵌められて行ったが、（経理面は）黄金時代の観があった」[8]と、事変によって営業利益を得たことを率直に認めている。つまり同紙は、一九三二年には、前年の落ち込み分を十分に上回る業績を挙げたのである。

一方、事変下の一九三二年に「銃後の護り」「国防は台所から」のスローガンを掲げた婦人たちで構成する「国防婦人会」が発足している。会歌「国防婦人の歌」の「勇士は練磨の銃を執り　身を切る風の砂を捲き　戦線万里を行くものを　われ等何をか黙すべき　同じ日出る国の子よ」が示すように、出征兵士の見送り、傷病兵や遺骨の出迎え、慰問袋の調達などの活動を展開したが、それは「参加者」としての国民の典型的行動と言える。

婦人たちの戦争協力団体としては、一九〇一（明治三十四）年に結成され、日露戦争の銃後を支えた「愛国婦人会」が存在していた。愛国婦人会は内務省が後ろ盾となり、各道府県支部長には知事など地域の有力者の夫人が就き、会費も高額で、特権階級婦人の団体という色合いが強かった。これに対して国防婦人会は陸軍が後援し、割烹着、たすき掛けを会服とするなど一般庶民の婦人たちの団体という違いがあり、二つの婦人団体は銃後の護りで競い合った。

国防婦人会は大阪の婦人たちが出征兵士の見送りを行ったことを手始めに、一九三四年には全国組織へと規模を拡大させ、日中戦争下の四〇年には九〇〇万余の会員数を誇示し、愛国婦人会と銃後の婦人活動の覇を競い合った。大阪で誕生した国防婦人会が全国組織へ拡大した背景には、朝日の全面的支援が存在する。関東軍への慰問金募集など朝日の軍協力事業の中心を担った計画部長大江素天《そてん》が、国防婦人会の相談役を務め、社を挙げて支援した。[9] 毎日が愛国婦人会に食い込んでおり、それに対抗しようという新聞販売拡張の目論見が働いた。ここでも朝日と毎日は競い合った。

地方紙の軍部批判

こうした前のめりの全国紙に対し、軍部批判の論陣を張った地方紙も存在した。菊竹六鼓《ろっこ》（淳《すなお》）が編集局長を務める福岡日日は、事変後に起きた五・一五事件を「国家を混乱に導くほか目的なきもの」（一九三二年五月十六日付夕刊）と、夕刊に異例の社説を掲載し、厳しく批判した。これに陸軍は強く反発し、久留米師団は、社屋上空に爆撃機の編隊が飛来し急降下するなどの脅迫行為を行い、在郷軍人会が不買運動を展開したが、福日は屈せず、「今回の事件に対する東京大阪等の諸新聞の論調を一見して、何人もただちに観取するところは、その多くが何ものかに対し恐怖し萎縮して、率直明白に自家の所信を発表し得ざるかの態度である。いうまでもなく、もし新聞紙にありて論評の使命ありせば、かくの如き場合においてこそ充分に懐抱して、文章報国の一大任務を全うすべきである」（同月十九日付朝刊社説）と、批判を続けた。

また桐生悠々（政次）が主筆を務める信濃毎日も、一九三三年八月に軍が行った関東防空大演習を「関東防空大演習を嗤う」と題する社説を掲げて「敵機を関東の空に、帝都の空に、迎え撃つということは、我軍の敗北そのものである。この危険以前に於て、我機は、途中これを迎え撃って、これを射落すか、またはこれを撃退しなければならない」（八月十一日付朝刊）などと批判した。

だが、信濃毎日の場合は、反発した在郷軍人会の抗議や不買運動に屈する形で「将来国策遂行思想善導に更に一層の努力を傾注することを誓う。信濃毎日新聞は社告を掲載して謹慎の意を表す」（九月十八日付朝刊）と社告で謝罪し、桐生が退社することで事を収めた。

福岡日日、信濃毎日の相違は、経営者の意識の相違もあるが、置かれていた販売状況が異なっていたことが挙げられる。福岡日日は福岡県内で群を抜き、九州全体にも販売網を有し、全国紙の販売攻勢にも揺るがない発行部数を維持していた。一方の信濃毎日は長野県下の有力紙ではあったが、県内には多くの新聞が存在した上に、全国紙さらに愛知県の新愛知、名古屋新聞も攻勢を掛け、その基盤は脆弱であった。つまり、新聞社という資本の強弱が両紙の対応を分けた。だが五・一五事件報道で奮起した福岡日日も、日中戦争では「聖戦完遂」を主張する論へと変化している。

新聞資本主義

事変に対する朝日、毎日両紙の軍部協力姿勢は、愛国心を営利目的と同化させ、その蓄積した資本力を傾注したことを示している。こうした意識は、両紙ばかりでなく、他の多くの新聞も同様であったが、従軍記者の戦地への派遣には莫大な費用がかかるため、出来なかったのである。

石橋湛山は、主幹を務める経済誌『東洋経済新報』で、朝日、毎日の様を「社会の木鐸だなどと云いながら実は大衆に阿《おもね》り、一枚でも多くの紙を売ることの外、何の理想も主張もなきかの如き彼等」(一九三二年二月六日号)と喝破し、厳しく批判した。

また朝日の緒方は戦後に、「新聞社の収入が大きくなればなる程、資本主義の弱体を暴露するのである。『新聞資本主義』は、発禁や軍官の目を極度に懼れる」[10]と、進んで戦争に参加した新聞の意識には「新聞資本主義」という企業意識が存在したことを認めている。新聞資本主義とは、営利の追求という下部構造が言論という上部構造を規定するという意味だ。つまり新聞の母体である新聞社は組織の維持や拡張を何よりも優先させる。そうした企業意識の結果、戦争批判を自粛し、戦争を儲けの手段とする。こうした意識は日中戦争で一層強まり、国家との「上下の一体化」という関係は深化していった。

満州国通信社の設立

こうした新聞の活動とは別に、事変下の満州で通信社に新たな動きが起きた。それは満州国の建国が宣言された九ヵ月後の一九三二(昭和七)年十二月に、満州の電通と聯合の支局が統合する形で、「満州国通信社(国通)」が、設立されたことである。設立は関東軍の主導によるものだが、聯合の専務理事岩永裕吉そして総支配人古野伊之助が大きく関与した。

設立の経緯は次のようなものである。一九三一年十一月、報道・宣伝を任務とする関東軍参謀部第四課長松井太久郎中佐(当時)は、聯合の奉天支局長佐々木健児に対し、「対内宣伝は概ね順調だが、残念ながら対外宣伝がうまくいっていない。事変の真相を正しく世界に知らせる方法はないか」と相談し、佐々木は即座に「聯合を利用する以外に途なし」と答えた。これに松井中佐も「よし、それでいこう。早速、聯合本社に連絡を取ってくれ。これに要する経費は、軍において調達する」と応じた。

これを受け、佐々木が東京の聯合本社へ連絡したところ、古野から「軍の意向は万事承知した。聯合は軍の要望なくとも、対外宣伝に最善を尽くす責務を有している。根本的恒久的対策を考える。軍において費用を負担するという厚意は感激に堪えぬが、その心配は無用である」との返事があり、一ヵ月後の同年十二月に岩永が「満蒙通信社論」と題する意見書を作成し、関東軍へ提出した。意見書提出直後の一九三二年一月には、古野が奉天に出向き、司令官本庄繁中将（当時）、高級参謀板垣征四郎大佐（同）、作戦主任参謀石原莞爾中佐（同）ら関東軍幹部に意見書に基づく通信社の設立を説くなど、活発な動きを展開した。

岩永が関東軍へ提出した意見書は「設立の必要」「組織」「賦与すべき特権」など七項目で構成され、「満蒙は支那の他の部分より独立せる地域となるべきこと」と事変や満州国建国を肯定し、外国通信社を排除し、国策通信社を通じて言論統制を行うよう提言している。[11]

第一章で触れたように岩永には鉄道院に入省した経歴があり、その際に満鉄長春駅長なども務めている。岩永の薫陶を受けた松本重治は「リベラリストでありながら、満州の日本権益などの問題になると特別の感情を持っていた愛国者岩永さん」[12]と評している。だが何よりも「提出先の関東軍の意向に沿う」という前提があった。

関東軍はこの意見書を採択し、松井中佐が第四課嘱託の里見甫《はじめ》に通信社設立を命じた。設立の中心を担った里見は、日本が上海で創立した東亜同文書院出身で、同校では佐々木の先輩に当たる。里見は天津や北京の新聞記者を経て満鉄嘱託となり、副総裁の松岡洋右が設置した情報課に勤務し、事変勃発と共に関東軍へ派遣された。里見は国通が設立されると、社長に当たる主幹を務めたが、国通退社後は阿片密売に携わり、「阿片王」の異名を取っている。

里見は岩永の意見書を下敷きに、在満の聯合と電通の支局を統合して設立することを主内容とする「新通信社設立要項」を作成し、同年九月に同案を携え東京へ向かった。里見によると、「外務省情報部長白鳥氏と軍務局高級部員鈴木中佐との間に実行しようという意見が纏まって、二人の積極性は、この満州に於ける通信社統一実現を急速に打開せしめた。まず外務省で白鳥氏と面会し『創立費二十万円、一年の経費二十四万円、外務省で引き受けて戴けますか』、『宜しい、引き受ける』、話はこれだけで実は五分間とかからなかった。その後には陸軍省で鈴木中佐と会い、『外務省は済ませて来ました。陸軍側は短波無線使用の件を諒解して戴きたい。電通と聯合へ私が交渉へ行くことを電話して戴きたい、用件はこれだけである』と言うと、鈴木中佐は『よく判った』と即座に関係部門の将校を集めて概略の説明、関東軍の意思を説き、会議は十分とかからなかった」[13]という。

この話に従えば、白鳥、鈴木の阿吽の呼吸の中で条件や予算等、ほとんどの重要事項が決められたことになるが、いずれにせよ一九三二年十二月一日に発足式が執り行われ、国通は誕生した。

日本の外務省が所管し、設立費および設立後の月々の運営費も外務省が支給する形で活動を開始した。満州で勤務していた聯合と電通の支社局員併せて約百人はそのまま国通社員に転じ、通信施設も両支局のものを使用した。

解体の危機

こうして国通は出発したものの順調な活動は行われず、発足からまもなく解体の危機に立たされた。外務省からの運営費の支給が停滞したためである。外務省の国通への関与は同省の方針ではなく、情報部の機密費から支給するという白鳥情報部長の個人的意思に基づくものであった。したがって一九三三（昭和八）年六月、白鳥が情報部長を更迭されると、当然のように支給はストップされた。外務次官として白鳥の更迭に動いた重光葵《まもる》は回想録の中で、その理由として「白鳥君は軍部、とくに鈴木中佐と連日会合し、軍部的意見を省内で主張し、大臣や次官にまで反抗的態度を示した」[14]と、白鳥の陸軍寄りの姿勢や傍若無人な態度を挙げている。情報部長を更迭された白鳥は駐スウェーデン公使を命じられたが、不満としてなかなか赴任せず、「白鳥騒動」と話題を呼んでいる。

ただ外務省としても、設立された国通を放置するわけにもいかず、満州国に肩代わりを求めることで決着を図った。交渉の結果、一九三四年四月に満州国に所管を移し、国営通信社として運営することになった。

満州において、電通と聯合支局が統合して新たな通信社が設立されたことは、その後行われる国内における通信社の統合の先駆的モデルとして意味を持った。このため「聯合は、この通信社をソックリ傘下に抱き込み、（事変報道で）勝ち誇った電通を、苦もなく満州から閉め出してしまった。岩永は多年の国策通信社論を長文の論策として訴え、これは若い軍人の間に大好評で直ちに受け入れられると共に、外務省の代弁者として冷遇されていた聯合が、軍人に接近する機縁となった。聯合は日本の通信一元化の試験台として満州国にこれを試み、見事に成功すると共に、万能の権威を持ち始めた軍部への突破口をも開いた[15]」と指摘されている。

聯合が関東軍から好意を得られたのは、岩永の意見書に加え、古野がかつて北京で築いた人脈が奏功したのも大きな要因である。古野は「本庄軍司令官、板垣大佐、石原中佐ら関東軍首脳と意見交換したかと思うと、ハルピンへ単身乗り込んで特務機関長土肥原大佐と膝を交えて懇談した[16]」など満州へ足を運び、関東軍の幹部となっていた本庄、板垣、土肥原らと旧交を温めつつ、円滑に事態をまとめたからに他ならない。国通の設立は、古野と満州の繋がりの出発点となった。

第三章　国策通信社の誕生

現在、日本最大の広告代理店として知られる電通は、かつて報道機関であった。古野伊之助が社長を務める聯合とともに勢力を二分する通信社として、それぞれ陸軍と外務省をバックに互いに競う関係にあった。だが、一九三六（昭和十一）年一月、両社は統合された。

なぜ、通信社の統合が求められたのか――。

満州事変から五年後、それは日本が世界の中で孤立しつつある時代に求められたことであった。

電通と陸軍

第一章で触れたように、岩永と古野は「ナショナル・ニュース・エージェンシー（国家代表通信社）」の設立を目標に掲げて、聯合と電通の統合を政府に要望した。満州事変・満州国建国で国際的に日本が孤立する中、対外情報発信力を強化する必要に迫られていた政府に対し、「米英の通信社と肩を並べる大規模なナショナル・ニュース・エージェンシーを設立することは国家、国民の利益に沿うことだ」と持ち掛けたのである。だが期待通りに事は進まず、交渉は難航した。電通が統合に反対し、強く抵抗したのである。

電通は一九三三（昭和八）年には銀座に地上八階、地下二階二千余坪の社屋を落成させるなど安定した収益を挙げていた。すでに触れたように、電通は通信社と広告代理店を兼業していた。通信社の部門は総収入の四割程度だが、総支出では八割を占めるというように、「広告で稼ぎ、通信を賄う」方式で堅調な経営を維持していた。

通信業と広告代理業を兼業している通信社の存在は、地方紙にとって非常に大きなものがある。通信社の通信業部門が頒布するニュースを主体として紙面を形成し、同時にその通信社の広告代理業部門から斡旋を受けて広告を掲載した。つまりニュースと広告の代金を相殺するシステムは「地方紙にとっては正に米の飯であり、その広告関係から言えば米櫃でもある」（月刊誌『改造』一九三五年七月号）と言えた。電通は地方紙と個々に特別な料金契約を結びながら電通の株を地方紙に保有させるなど強固な関係を構築した。一九二七年に作成した自社の宣伝パンフレットは「新聞界空前の権威　東京より福岡に至る私設長距離専用電話の所有者」を誇示し、太字で「新聞通信及広告代理業として世界的に知られたる大通信社」と謳っている。

広告代理業の分野でも電通は、一九三五年の時点で他の広告代理店を断然引き離し、業界で独占的態勢を形成した。月刊誌『文藝春秋』は、広告代理業と、それを背景とし契約新聞社の経営に関与する電通のあり方を「電通は社長光永（星郎）君の努力で今日の大をなしたため、殆んど光永君の個人経営の観がある。独占ともなれば、如何なる事業にも横暴が起こり、弊害の生ずるは免れ難い所。つまり電通の宝庫は広告にあって通信にはなく、その広告は通信をバックとすればこそ、である」（一九三五年五月号）と批判している。

銀座７丁目に建てられた電通本社ビル

電通は、聯合が外務省から補助金を受領していることから、陸軍に接近し対抗した。聯合の記者であった松本重治は「電通は陸軍と非常にタイアップしていた。陸軍省で課長かなんかになると、『電通社長光永』と書いて、薦《こも》被りを一つずつお祝いに持っていったものです。そんなことで、陸軍の方も、電通を自分の手下だと思っているわけです。それで聯合を、外務省と海軍じゃないだろうかと勝手にそういう差別をするのですよ」[1]、「当時、電通は陸軍べったりだと考えられていた。聯合の肌合は、外務省のそれに近く、また陸軍よりは比較的により国際的であった海軍にも近かった。現地陸軍は電通には特別にニュースの種を供給していた。電通は陸軍の御用通信みたいなもので、聯合は外務省の別動隊ぐらいと考えていたらしい」[2]と指摘している。

聯合と外務省

一方の聯合は、岩永裕吉が「非営利主義によって経営し、名実ともに我国を代表すべきナショナル・ニュース・エージェンシー（国家代表通信社）たらしめたい覚悟」（設立における社告）を持って設立した。その特徴は、①米AP通信社と同様に、新聞各紙で構成する新聞組合主義という公益法人組織であった　②前身の国際通信社以来のロイター、APら世界の主要通信社との独占提携に基づき外国通信社の記事を独占配信した――の二つで、主として「ロイター電」を武器に、電通と競い合った。

しかし同社は、厳しい経営状態に苦しんだ。岩永は一九二四（大正十三）年には「政府の補助金の如きは、明白公然たる理由ある場合の外これを避くることを理想とするのみならず、仮に受くるも自ら一定の限度あり」[3]と、政府の補助金の受領を拒否する矜持を示した。しかし一九三五（昭和十）年には、外務次官重光葵宛の懇願書で記した「格別の御詮議を以て、御下附被下候様御配慮相煩度此段事情を具し及悃願候（悃願に及ぶ）」[4]と、多額の補助金を懇願する文言へと変化している。現実は甘くなかった。

ただし、岩永が漫然と補助金交付を受けたのではないことも、事実である。岩永は、養父から受け継いだ莫大な資産を切り売りし、赤字を埋めるため懸命の努力を続けた。岩永の秘書は「月給日の前とか外国電報料金がたまって逓信省から厳しい催促が来た時など、私は大風呂敷を持って、目黒の岩永邸に推参した。岩永さんは壁に埋め込んだ大金庫から、郵船やら東京ガスの株券を取り出した。金庫の中の株券の山は月日とともに低くなったが、一度も愚痴めいたことは漏らさなかった」[5]と語っている。朝日の緒方竹虎は「悪戦苦闘の最中、岩永君は家族一同を集めて家族会議を開き『通信社のために俺は家産を傾けるかも知れないから、そのつもりで居てくれ』と諮ったら、一番末っ子の友ちゃんまで『どんな目にあっても構わない』と可憐な志を述べた」[6]と証言している。

　円為替下落と満州事変の取材費増が重なった一九三一、二両年のボーナスは、ＡＢＣ（十五、十、五円）の三クラスに分けたわずかな「もち代」程度で、聯合の社員はこの苦しい状態を「冷や飯時代」と呼んだ。岩永は自宅へ幹部を招いて夕食会を開き、席上の暗い雰囲気を変えるため幹部の一人が裸踊りを披露し、座を盛り上げている。古野も忘年会を催し、普段は飲まない酒を飲み「おわびする」と頭を下げると、社員が「おれたちは月給やボーナスのために働いているんじゃない。ナショナル・ニュース・エージェンシーの理想のため飢え死にしてもいいと思ってるんだ。その気持ちも知らずにわびるとはなんだ」と逆に、古野を叱りつけた[7]という話が残されている。

銀座８丁目にあった聯合本社ビル

難航する統合交渉

国際的に孤立する状況下、政府も「国際世論形成を目的とした大規模な通信社の設立が必要である」という判断に傾き、外務省が担当して電通と聯合の統合交渉を進めた。しかし電通の反対の意思は強く、交渉は難航した。これを憂慮した外務省は、一九三三（昭和八）年十一月初旬、光永に「貴族院議員に勅選する。それと引き換えに聯合との統合を了承する」ことを提案した。当時、メディア出身の勅選議員は村山龍平（朝日新聞社長）、本山彦一（毎日新聞社長）だけで、光永が以前から勅選議員就任を望んでいたことに目をつけたものだ。光永はこれを受け入れ、「電通の通信・広告の全ての営業権を新通信社に譲渡する」という誓約書を提出し、同年十二月に貴族院議員に勅選された。

難関であった光永が折れ、統合は一気に実現へ向かうと見られた。しかし今度は、電通、聯合の解散資金と新通信社の運営資金をどのように捻出するかという問題が浮上した。陸軍が機密費を増額して拠出することを申し出たが、これに全国紙が「軍部が新通信社に介入する余地を与える」と反対し、取り止めとなった。外務省も一九三四年度の予算に「臨時外交工作費」として計上したが、大蔵省査定で削除された。結局、外務省が逓信省に協力を申し入れ、逓信省は監督下にある日本放送協会に資金の提供を求めた。放送メディアが放送記者を設けて独自の取材をするのは戦後のことで、当時のラジオニュースは新聞から提供を受けていた。だが、新聞側はニューメディアであるラジオをライヴァルと見て敵視し、時間通りに提供しないなどの嫌がらせを加えていた。このため放送協会は「新通信社に影響力を持てば、ニュースの確保が出来る」という判断から、資金拠出を了承した。これを機に政府の交渉役も、外務省に代わり逓信省が担当することになった。

資金問題は解決したが、電通と契約を結んでいる有力地方紙が結束して、新通信社設立に強く反対するという新たな問題が浮上した。記事の配信、広告の斡旋をする電通が消滅することは、有力地方紙にとって自らの生死に係わる重大事であった。有力地方紙の強い反対に押される形で、当事者の光永も一九三五年五月、外務次官の重光に対し、「客観情勢の変化」を理由に、統合に応じないと翻意を伝え、先に提出した誓約書の返還、破棄を申し出た。重光はこれに怒り「誓約書を返還しなければならぬような情勢の変化は認められない。誓約書は依然として有効である」という書面を光永へ送付した。

月刊誌『改造』は、「昨年十一月電通を解散することにまとまり、光永氏は一札を入れ、引き換えに貴族院議員に勅選される光栄を持った。さて勅選になって見ると、足場の電通を失えば新聞協会の会長をも辞任しなければならぬ。河豚を食う前ならば河豚は食いたし命は惜ししという事もあろうが、勅選の河豚を食った後では命の惜しいが第一である。ここに光永氏の心境の変化がおこった」（一九三六年五月号）と解説している。月刊誌『文藝春秋』も同月号で、「『賢いお魚が餌だけとって、針にひっかからず、逃げてしまったというのが合併問題の真相さ』『気の利いたお魚だね、誰がそれ

光永星郎

なんだい』『光永電通君さ』『餌ってのは』『感じの鈍い男だね、勅選議員のことよ』こんな話が、外務省のある一室で野次られていた」など、光永の振る舞いを嘲笑する記事を掲載している。

陸軍の翻意と二・二六事件

光永や有力地方紙の抵抗もあったが、交渉は進展した。これは、電通を支持して統合に反対であった陸軍が、統合に賛成すると態度を豹変させたためだ。外務省の機密文書「新通信社設立ニ関シ情報委員会特別委員会設立ノ件」(一九三五年六月十四日付)には、陸軍が内閣情報委員会の席上、「設立ニ関シ電通其ノ他地方新聞ガ合流ヲ肯ゼザルノ情勢最近看取セラレ、且右反対ガ軍側ノ支持ヲ受ケ居ルガ如キ風説モ有之」と発言したと記されているが、これは電通の強い反対には陸軍の後ろ盾がある、という噂を自ら指摘したものである。その上で噂を「軍部殊ニ陸軍側特別委員ヨリ右反対者ノ合流勧告ヲナシ、新通信社ノ設立ヲ促進スル事ト致ス」と否定し、陸軍としても新通信社設立へ乗り出す意思を表明している。[8]

交渉が大詰めを迎えたこの時期に、陸軍が新通信社設立に方針を転換させたのは、①総力戦体制の構築は急務である、②メディアの活用は、総力戦にとって不可欠で、中でも、対内外のプロパガンダ機関として、通信社の活用は重要である、③電通支持へのこだわりは、新通信社設立を阻害する、④設立に積極的に関わり、主導権を握ることが得策である——という判断が働いたためである。

とくに陸軍省新聞班は、この時期、国民に対する啓蒙活動を積極的に展開していた。通称「陸パン」と言われる「国防の本義と其強化の提唱」（一九三四年十月発刊）や、「空の国防」（同年三月）、「思想戦」（同年七月）など一九三四年だけでも十冊以上の、国民向けのパンフレット（小冊子）を発刊している。とくに「陸パン」は、冒頭に「たたかいは創造の父、文化の母である」という文章を掲げ、陸軍の主導で総力戦体制を構築する意思を明らかにし、言論統制についても「国防国策強化の具体案として宣伝省又は情報局の如き国家機関を思想、宣伝戦の中枢機関として速やかに設置し、思想戦の整備を図ることが急務である」などと指摘している。

政府部内が統合という考えでまとまったことを受けて、新通信社「同盟通信社」は、一九三六（昭和十一）年一月一日に発足した。だが、電通はなお抵抗を継続し、有力地方紙も不参加の態度を保持した。つまり、同盟は会社名を「聯合」から「同盟」に変えただけの状態で、出発した。

電通との交渉は引き続き行われたが、光永は頑として首をタテに振らず、一月二十日には「同盟の誠意を認め難きにより、交渉を打ち切りたし」との最後通告を行った。

そのような時に勃発したのが、二・二六事件である。抵抗を続ける電通に「二・二六事件で何かが変わる空気を感じた」という感情が広がった。一つは時代の流れであり、もう一つは広田弘毅内閣の成立に伴い新たな逓信相に頼母木《たのもぎ》桂吉が就任したことだ。頼母木は民政党の代議士で、かつての電通のライヴァル通信社帝通の社長を務めた経歴を持っていた。しかも頼母木、光永の両者は、晩餐会の席でささいなことから激しい口論となり、徳富蘇峰が間に入り両者を引き離したという武勇伝があるほど犬猿の仲であった。頼母木は逓信相に就任すると直ちに、光永を呼びつけて、「政府裁定案」をつき付けた。政府案である以上、これを拒否することは政府を相手にすることを意味し、光永に押し返すだけの力はなかった。政府裁定案は、当初の「電通は通信部門だけでなく広告代理店部門も全て聯合と統合する」という案を、「電通は聯合の広告部門と統合し、広告代理店として存続する」と修正した内容である。電通は、広告代理店としての存続は認められたものの、株式の半数以上を同盟に握られ、同盟の系列下に置かれた。だが電通は現在も広告代理店の雄であるだけに、光永の粘りは意味があったと言える。ともかくも、電通の通信部は、同年六月一日に同盟に合流し、その日から同盟は名実ともに、新通信社としてスタートを切った。

動き始めた内閣情報委員会

こうした曲折を経て設立した同盟通信社だが、裏では同盟に対する影響力を巡り、外務省と陸軍の暗闘が展開された。

まず公益法人である同盟を、政府のいずれの省庁が監督下に置くかという問題が浮上した。監督下とは具体的には、同盟へ「助成金」と称した補助金を供与し、影響力を行使することを意味している。内閣情報委員会で、外務省は自らが監督すると主張したが、これに陸軍は「一つの省が単独で監督するのではなく、政府全体として監督すべきだ」と反対し、他の省も陸軍に同調した。この結果、内閣情報委員会は「新通信社の国家的見地に基づく健全な発達を図り、その機能を発揮させる必要があり、そのための官制組織を設置する」という方針を決めた。これに伴い、既存の非官制の情報委員会を、正式な法規に基づいた官制の内閣情報委員会へ格上げして、同盟

同盟初期の幹部　左から古野（常務），**上田碩三**（常務），**岩永**（社長），**畠山敏行**（常務），**堀義賢**（常務）（1937 年）

を所管し、内閣情報委員会が補助金を交付することになった。

また発足して以来空席である社長を誰にするのか、という問題も存在した。発足時一月時点の同盟幹部は専務理事が岩永、常務理事が古野と逓信省電務局長出身の畠山敏行で、六月に電通が合流すると電通の通信部長の上田碩三《せきぞう》が加わった。

外務省は社長ポストを取る考えで、永井松三駐ドイツ大使をベルリンから帰国させ備えていた。同盟側では社長候補として金子堅太郎伯爵、山本条太郎前満鉄総裁、松平恆雄元駐英大使らの名前を挙げたが、これは永井と相打ちさせて潰すための当て馬であった。同盟はあくまで岩永の社長就任を意図し、これを陸軍が後押しした。間隙を突く形で、逓信省も同省の息のかかった樺山資英《すけひで》国際電話社長を推薦した。外務省としても、逓信省が推す樺山よりは、気心の知れた岩永の方が得策と判断し、渋々、岩永社長に同意した。

このように、外務省の「同盟を影響下に置こう」という思惑は外れた。白鳥の後任の外務省情報部長として、電通、聯合の統合交渉に携わった天羽英二《あもう》は戦後、苦さを込めて次のように回想している。

「(同盟の主導権を握る)聯合は、かねて岩永君を社長に推そうと内々軍部とも渡りをつけていた。聯合は同盟を仕上げるために外務省を使ってきた。しかし同盟が出来上がり、その首脳者も聯合側から出したのであるから、聯合としては最早、外務省を以前のように必要とはしなくなった。軍部としても、同盟が出来上がった以上は、外務省情報部などは相手とせず、直接同盟を握っておくことが近道であった。そこで軍部は、外務省情報部から段々、同盟を引き離すと共に外務省情報部それ自身を弱体化することにかかった。(内閣)情報委員会は外務省の反対を押し切って、同委員会が同盟に補助金を交付することを決定したが、その裏面には同盟が内々軍部や内閣に脈絡を通じた形跡があった。軍部の力が強くなるにつれ、その温床のもとで肥り上がった」[9]。天羽は戦時下、東條内閣で一九四三(昭和十八)年四月から一九四四年七月まで、内閣情報局総裁を務めている。

官制の内閣情報委員会は、一九三六年七月に設立された。非官制の情報委員会が外務次官を委員長として外務、陸軍、海軍、文部、内務、逓信の六省で構成したのを、内閣書記官長を委員長として全ての省で構成するよう改めるなど、組織の再編がなされた。

具体的には、内閣書記官長を委員長に各省次官らで構成する「常任委員会」と、実務を担当する「幹事会」の二つから成り、「幹事」は外務、内務、陸軍、海軍、逓信の情報関係五省で構成。「常任委員会」と「幹事会」を毎週一回開催した。委員会事務局も設けられ、ここには外務、内務、陸軍、海軍、逓信の五省から派遣された高等官が常勤した。委員会事務局の幹事長には、内務省出身の横溝光暉《みつてる》が就任した。

内閣情報委員会は、同盟への補助金の供与を契機として非官制の委員会から官制の委員会へ格上げしただけに、その職務として「同盟通信社設立ノ趣旨ニ鑑ミ　情報委員会ハ関係各庁ト協力シテ　同社ノ国家的見地ニ基ク　健全ナル発達ヲ図リ　其ノ機能ヲ発揮セシムルベキモノトス」[10]と、同盟の指導監督を挙げている。「同社ノ国家的見地ニ基ク　健全ナル発達」とは、同盟を国策を実施する「国策通信社」として育成する意味である。

だが補助金の供与は職務には記載していない。外務省が作成した「同盟ニ対スル補助金支給ノ件」と題した文書では、「何故、機密費ニテ支弁スルノカ」として、「世界何レノ国デモ民営通信社ニ対シ　補助金ヲ公然支給スル国ハナク（ソ連タスノ如キ特権通信社ハ別）政府トノ関係ヲ公然タラシムル時ハ　通信社ノ信用威力ハ激減シ　遂ニハ　其ノ用ヲナサザルニ至ラム」と記している。[11]政府は補助金の供与を秘匿する必要を認識していたのである。

横溝によると、同盟への補助金は、「予算面で同盟通信社助成費などと書くわけにはいかない。そこでふるった名前を付けた。何のことかわからないが、事実は同盟通信社へ助成する費用です」[12]という理由から、政府予算では内閣官房の経費として「外交通信特別施設費」という名目で計上された。

内閣情報委員会の設立経過に関しては、月刊誌『話』（文藝春秋社　一九六三年二月号）掲載の記事[13]は興味深い。

「この情報委員会は始めからフヤケたものとして考えられ、設置されたのかと云うとそうではない。この立案者たちは真に国民を指導する宣伝機関位は作る積りだった。と云うのは、情報委員会設立の議は吉田茂（内務官僚、同名の元首相とは別人）長官時代の内閣調査局に於て問題となった。統制機関の一翼としての情報宣伝の統制である。この問題の中心となったのは、例の電力民有国営法で雷名を轟かした奥村喜和男、陸軍から来ていた鈴木貞一大佐、それから今一人同じく調査官として内閣から入っていた現内閣情報部長横溝光暉のトリオだ。（中略）

だが、それ等は百％の成功をみるに至ったわけではない。というのは広田首相始め御老人連は非常時予算が、そうした宣伝情報機関に多くの金を注ぎ込むことが現状としては出来難いと云うことを盾に、『趣旨は結構だが』と予防線を張りつつ、一方宣伝省に就いては、現に各国共問題視し、いろいろの批判を加えている。殊に宣伝省が宣伝の機関として言論の統制にまで進出する場合、それが逆に政治的なものに利用される場合がある。これは我国として差控え慎まなければならないと云った意味のことを述べて、この革新トリオの出足を挫いた」

記事は、設立の裏面で、奥村、鈴木、横溝の三人が動いたことを指摘している。確かに、内閣情報委員会は彼ら「革新トリオ」が企図した通りではなく、不十分な機能に留まった。だが、内閣全体の情報宣伝政策を束ねる法令に基づいた初の情報組織が誕生した意味は大きなものがある。その後、内閣情報部、内閣情報局として拡充強化される出発点となったためで、そうした流れの中で「革新トリオ」もそれぞれ引き続き、情報組織に深く関与した。

古野の人脈

難航した通信社統合の交渉の過程で、古野伊之助は新たな人脈を築いた。すでに指摘したように、陸軍の鈴木貞一大佐（当時）とは北京時代から昵懇の間柄であった。陸軍新聞班長の鈴木は当初、電通支持の立場で、統合に消極的であった。その鈴木を古野は「奉天から来る『電通』と『聯合』の電報が食い違って困るのは外務省よりも陸軍省でしょう。その弊を無くしようというので満州国通信社をつくった。せっかく出先が整ったのに本家の内地がこんな状態では、一陸軍省、一外務省の問題ではない。日本として重大な問題ですよ。あなたは世界の大勢もよくわかり、陸軍部内をひきずる力もあるんだから、一つ外務省や海軍省を指導してくださいよ」と説いた[14]。陸軍の翻意には、古野の説得に応じた鈴木の変心も大きく作用した。岩永の社長就任の際も、古野が鈴木を通じて陸軍の支持を取り付けている。

奥村は一九二五（大正十四）年に逓信省へ入省し、一九三三（昭和八）年には満州へ派遣され満州電信電話会社の設立に関わった。一九三七年には企画院書記官として、電力会社を一社に統合して国家管理とする電力管理法制定では中心的役割を演じて注目された。一九四一年十月からは内閣情報局次長を務めた。奥村は鈴木の下で、迫水久常（大蔵省）、美濃部洋次（商工省）、毛利英於菟《ひでおと》（興亜院）と並んで「鈴貞門下の四天王」と呼ばれた。鈴木は奥村と「ほとんど肝胆相照らすという状態で、歳を過ごしてきた。私から見ますと、奥村君と私は一体のものである[15]」と太い絆で結ばれていた。

古野と奥村との繋がりは、奥村が同盟の設立で大きな役割を演じたことに依る。逓信省は、統合交渉の最中の一九三五年十二月二十八日、「対外報道無線電信を独占する権利を、新しく設立する通信社（同盟）だけに認める」という国際放送電報規則の改正を公布した。これを企画したのが、逓信省電務局無線課長の奥村であった。電通は米UP通信社と契約していたが、法令が改正されれば、電通はUPの記事の取扱を禁じられる。それは電通が通信社の役割が果たせなくなることを意味し、電通の抵抗を打ち砕く切り札となった。この交渉以来、古野と奥村の関係は深まり、奥村が内閣情報局次長に就任する背景には、古野と鈴木の強い推挙があった。

また古野はメディア業界では、朝日の緒方竹虎と親密な関係を築いた。二人の関係は、緒方が朝日社内にあった同盟設立に反対する声を押し切り、交渉がまとまるよう聯合に好意的な態度を取ったことを契機としている。古野は地方紙の庇護者として全国紙と対立し、全国紙の幹部が揃って古野に反感を示す中、緒方だけは古野と良好な関係を維持した。

古野の側近の岡村は「緒方と古野は、どちらも国利国益至上主義者で、国士型と国家型と仲良くなってね。誰も加えず二人きりで、定例的に月に何回か飯を食っていた[16]」ことを明かしているが、双方共に人間的に惹かれる所があったのであろう。

だが、朝日社内では、緒方が古野と懇意であることから軋轢が生じている。朝日関係者は「朝日を代表する実力者であった緒方は、どういうわけか古野を信用していたようだ。緒方は自分がまっすぐで表裏のない性格であるだけに、人を信じやすかったと想像される。緒方が古野を信用し過ぎるとして、朝日社内には緒方を批判する空気があった」[17]と指摘している。

岩永が一九三九年九月に急逝し、同盟の次期社長の人事問題が浮上した際に、読売社長の正力は、古野の就任に強く反対する動きを示した。逓信省から内閣情報部へ出向していた川面《かわづら》隆三は「同盟設立後、暫らくして初代社長岩永さんが逝去され、新社長の選任は一瞬もゆるがせに出来ないと思い、私は奥村さんにお伺いし、その指示の下に、内閣情報部長、首相ほか関係大臣にお願いしつつ、朝日の緒方さんを訪ねて、古野さんを社長にすることでまとめて欲しいとお願いした。（古野社長の実現は）奥村さんの指示が適確で迅速であったためであった」[18]と、奥村、緒方が古野の社長就任に動いたことを明らかにしている。古野が同盟を設立する過程で培った人脈は、その後も引き続き意味を持つことになった。

第四章　実験場としての満州

一九三二（昭和七）年三月に建国が宣言された満州国は、しばしば「政策の実験場」と呼ばれる。主に革新官僚と呼ばれた気鋭の官僚たちが、日本国内で為し得なかった「革新的」な政策を次々に試みたからである。

都市開発、農業政策、企業統治……政策に成果が見られると、それらは次々に日本に持って帰られたが、「言論統制」もまたその一つであった。

反日感情を抑えるために

第二章で触れた満州国通信社（国通）は所管が決まって以降、軌道に乗り、満州国の首都の新京（現在の吉林省長春）に本社ビルを構え、一九三七（昭和十二）年には同盟と「姉妹関係」提携の書簡を交換したが、これは「国通の社員は日本および中国では同盟の社籍に入り、同盟の社員は満州では国通の社籍に入る」というもので、国通を同盟の事実上の満州支社とするものであった。

一九四一年には当時としては日本最長の新京の本社と東京の同盟本社を結ぶ二八〇〇キロの専用電話線を開通させ、社員総数一二〇〇人余を数え、満州におけるメディアの中心として存在感を示した。「メディアの中心」というのは、通信社である国通が取材し、送信する記事を主体として、新聞が紙面を作ることを意味し、国通を軸としたメディアの体制が整備された。厳しい言論統制が行われたが、ここでも国通が新聞を統制するというように、中心的役割を担った。

一九三二年三月に建国宣言した満州国は「五族（日、満、漢、鮮、蒙）協和」を掲げたように、異なる民族が居住していた。だが、宣言に反して反日感情は根強く、そのため言論統制が重視された。実施された言論統制は、大きな流れで言えば、三段階に区分される。「第一段階」は一九三一年の事変勃発から一九三六年九月に満州弘報協会が設立される間での期間、「第二段階」は弘報協会が活動を開始し、統制を実施した期間、「第三段階」は一九四一年一月に弘報協会が解散され、満州国総務庁が直接的に統制を行うまでの期間——である。

統制は、国営通信社である国通がいずれの段階でも重要な役目を担ったことが特徴である。国通の創設に大きな役割を果たしたことなどから関東軍の信を得た古野は、求められるがまま言論統制について意見を提言し、それが「第一」「第二」段階で実施に移された。

まずは満州国が国家の体裁を整える中で、「第一段階」の言論統制の課題が浮上した。一九三五年秋に満州を訪問した古野に対し、関東軍は統制の具体策を求め、それに応じて古野は「満州弘報協会結成要項案」を提出した。この古野案を基礎として国通主幹の里見甫が、「満州弘報協会設立に関する意見書」を作成し、関東軍へ提出した。

古野と里見の共同案は、国通と満州の全ての新聞で構成する「満州弘報協会」を設立し、新聞通信メディアは協会の傘下に属して協会の指示を受けるという内容であった。統制とは記していないものの、協会が統制団体であるのは明らかであった。

この意見書を吟味した関東軍は、一九三五年十月二十五日に「在満輿論《よろん》指導機関ノ機構統制案」を作成した。同案は「日本官憲、満州国官憲及満鉄ノ指導下ニアル新聞通信社等ヲ統合シ満州弘報協会ヲ組織ス」と弘報協会の設立を記し、その会員として、国通の他に満州における主要七紙を指定した。さらに弘報協会の上部組織として、関東軍や満州国で構成する「満州弘報委員会」を設けて、弘報委員会が弘報協会を監督、指示することとした。つまり関東軍と満州国政府は上部に位置し、メディア自身に自らの統制を行わせるという形態である。

この統制案に基づいて、満州国政府は一九三六年四月に「株式会社満州弘報協会ニ関スル件」を公布した。この結果、南満州鉄道（満鉄）の資本系列下にあった満州日日新聞、大新京日報、哈爾濱《ハルビン》日日新聞（以上、日本語紙）、大同報、盛京《せいけい》時報、満蒙日報（以上、漢字紙）、マンチュリヤ・デーリー・ニュース（英字紙）の主要新聞七紙は、表向きには従来通り独立した個々の会社経営を維持したものの、資本的には弘報協会に統合され、弘報協会がそれら新聞の幹部人事など経営の実権を掌握した。国通は弘報協会に組み入れられて、協会通信部となった。弘報協会の設立資金は、満州国政府が国通を、満鉄が新聞各社を現物出資（計一七五万円相当）し、さらに満州電信電話会社が二五万円を出資して、一九三六年九月に弘報協会は「資本金二〇〇万円の株式会社」として発足した。

関東軍と弘報協会の巧妙な仕掛け

弘報協会の組織的特徴は、①満州の既存の主要な新聞および国通の資本を統合した株式会社の形態を採る　②新聞は設備の全てを弘報協会へ提供し、その評価額に応じた株式を弘報協会が各新聞へ交付する　③経営は各新聞それぞれ独自に行うが、幹部人事は弘報協会が掌握する――などである。即ち形式的に新聞は独立しているものの、実質的に弘報協会が実権を握り、その弘報協会を関東軍と満州国政府が指導するという巧妙な仕掛けが施されている。

こうした満州の言論統制を月刊誌『文藝春秋』は、「流石に軍部の徹底した勢力下に在るだけに、日本内地の電通、聯合合併、通信統制以上のことが満州で行われんとしつつある。御時勢が希望する所の統一とか統制とかは、立派な一種の×××××〔ファッショ〕思想であり、×××××〔ファッショ〕的思想を多分に含んで居る。×××××〔ファッショ〕の上に、国家という二字を冠しただけで、堂々と〇〇〔国策〕思想として天下を横行し得、〇〇〔軍部〕からも大いに歓迎せられる時勢だ。故に満州に於いて×××××（ファッショ）的の新聞通信の一元化が実現した所で、不思議がるに及ばない」（一九三六年五月号）と厳しく批判。さらに弘報協会については「加盟した新聞社も各々の株の全部を弘報協会に提供、協会はこれらの株と同額の株を発行し、それを大株主たる満鉄へ渡す。さすれば満鉄の財産も減らず、株式会社弘報協会は設立され、協会が各社を資本的に牛耳り得るということになる。要するに、監督権は立派に満鉄から関東軍に移ったのだ。かくして満州に於ける新聞の平面化、官報化、一元化の大事業は成立した」と皮肉を込めて論評している。

弘報協会の理事長には、退役軍人でマンチュリヤ・デーリー・ニュース紙社長の高柳保太郎が就任し、里見は国通が独立組織でなくなったことを理由に、国通を退社した。国通は、協会に編入されて「協会通信部」となったものの、「実質的には著しく、その地位が強化された」[1]という。統制案の「国家の弘報宣伝機関の中枢を通信社（国通）に置き、共通ニュースは国通之を取材し、新聞社はその所在する土地のニュースの紙面製作に主力を注ぐ」[2]という文言が示すように、新聞は国通が配信した記事で紙面を構成するというニュースの単一化が実施された。具体的には、国通は満州国との間で「政府記事代行に関する件」という覚書を交わし、政府が発する重要事項は国通ニュースで発表する形が採られ、国通記者の身分も「政府弘報要員」として取材上特別の便宜が供与された。弘報協会を軸とした満州の言論統制の中で、国通は「弘報協会の中枢となり、協会加盟の新聞の記事を統制すると共に、新聞未発行地の創刊に際しては人材を派遣し、人事交流により全満各紙の拡充強化に努力」[3]と、言論統制の実施機関の役目を務めた。

ただ、こうした国通の編入に対し、古野は満州を訪れて関東軍、満州国に「弘報協会改組案」を献策した。弘報協会発足後の一九三七年初夏のことである。改組のポイントは、国際的にロイターなど欧米の通信社と提携する際に、「弘報協会通信部」では体裁が悪く、やはり従来通りに「満州国通信社」と呼称し、独立した活動を展開すべきだという判断に基づき、「国通は独立するが、株は全て弘報協会が所有し、弘報協会と国通の関係を依然表裏一体として運営の妙を発揮するため、国通社長が協会理事長を兼任する」などを内容としている。これを受けて、同年七月に、国通は弘報協会から分離し、新たに資本金五十万円の「株式会社」として独立した。

言論統制の革新的見本

一九三七（昭和十二）年七月に国通が分離するという弘報協会の組織改編を受けて、新たに国通の社長兼弘報協会理事長に、古野の友人である元時事新報編集局長の森田久が就任した。森田は、東京朝日記者、時事新報編集局長、聯合系の地方紙九州日報社長を務めた経歴を有する人物である。

森田が主導して実施したのが「第二段階」の統制で、ここから満州での言論統制が本格化する。森田は、新聞の整理統合を進める一方、新聞用紙と新聞制作資材の配布を協会が行うことで新聞への発言権を確保し、さらに隔月毎に新聞各紙社長による会議を開催するなどの指導を行った。

満州の新聞は、『満州年鑑』によれば「昭和八年版（一九三二年十月末現在）」には「有保証金紙六八、無保証金紙三五、日本語、中国語、諺字《おんもん》（ハングル）、英語、ロシア語紙」の約一〇〇紙が存在している。

森田が記した「満州の新聞は如何に統制されつつあるか」という一文によると[4]、新聞の整理統合に着手した森田は、「新京、大連、奉天、ハルピンの四大都市を拠点とし、一省一紙主義を目標とする」こととし、一九四〇年九月までに、およそ十八新聞社、二十九紙（日本語紙十一、中国語紙十五、諺字紙一、英語紙一、ロシア語紙一）にまで整理、統合した。つまり、約七十紙が姿を消したことになる。

森田は一九四二年七月、古野から「その経験を内地で活かすよう」求められ、国通を退社。帰国して、統制団体「日本新聞会」の理事に就任している。戦後に福岡県太宰府町の町長を務めた森田は「満州の問題とか、電通と聯合の合併問題など、私は古野伊之助の書いた脚本どおりに踊らされたということですよ。私が国通に行ったこと自体、古野のシナリオですからね」と明らかにするように、古野とは親密な関係にあり、「弘報協会は極端な言論統制機関ですね。革新的な見本を満州でやろうとしたわけです。当時の日本の官僚は満州でいろいろな統制の実験をした。今から考えてみると、私なんかも使われたわけだな。日本の言論統制も満州並みにはいかんかったが、一県一紙（新聞統合）が出来たわけだ。結局、統制の実験を満州の方でやったわけだ。だから私、戦後（公職）追放になってから、追放になるのは当たり前だなあと思った[5]」と率直な証言を残している。

情報統制の最終形態

満州国は統制を一層強化するため総務庁弘報処が直接、言論統制を行う方針を固め、一九四一（昭和十六）年一月、弘報協会を解散した。これが「第三段階」で、弘報処長の武藤富男が指揮を執った。武藤は東京地方裁判所判事を務めた後、一九三四年に渡満し、満州国司法部刑事科長を経て総務庁弘報処長となった。武藤は、一九四三年に帰国し、内閣情報局の第一部長に就任している。戦後には英会話学校日米会話学院を創設、明治学院の院長も務めている。満州の言論統制に辣腕を振るった森田、武藤がその後、内地の言論統制の団体や政府機関の幹部に就いたことは、「実験場」としての満州の位置づけを浮き彫りにしている。

武藤が率いた総務庁弘報処は一九四一年八月、「満州国通信社法」「新聞社法」「記者法」の三法を公布した。「満州国通信社法」では国通を法律で名実共に満州国の「国営通信社」と位置づけている。また「新聞社法」は、全ての新聞の設立、合併、解散、人事権など、その全てを政府が管理下に置くというものである。そして「記者法」は、政府が認定した者だけが「記者」の身分を付与され、違反した場合には処分するという記者個人をも管理下に置くという徹底した統制である。同年十二月までに同国政府が既存の報道機関の記者（日満および外国人）を「審査」した上で約八〇〇人に記者資格を付与した他、国家試験を行い七十人（日満人）に記者資格を付与し、弘報処の「記者原簿」に登録した。[6]

こうした完全な統制の下で、日本語の最有力紙「満州日日」は、一九四四年四月には政府の広報紙「満州新聞」と合併して「満州日報」と改題した。これにより満州における新聞は、日本語紙が「満州日報」と同紙系列の「大連日日」の二紙、中国語紙は「康徳新聞」の計三紙が存在するのみとなった。[7]

武藤の著書『私と満州国』には新聞三法が公布された直後の一九四一年九月、朝日専務の原田譲二が同社専用機で渡満し、弘報処長の武藤へ会談を申し入れた際のエピソードが記されている。[8]原田の用向きは、「三法が公布されたのを受けて、朝日が満州国で新聞を発刊したい」とのこと。つまり、在満の日系紙を朝日が統合し、満州国の弘報紙を発刊したいという申入れである。武藤ら満州国側は、「かなり心を動かされた」が、関東軍の高級参謀は「諸君は日本の新聞界の実情に疎い。読売の正力、毎日の高石、それに同盟の古野が加わって陸軍省軍務局に乗り込むのは必定だ。やり損なったら、どうなると思うか。軍司令官の更迭まで賭けて、これをやるつもりか」と尋常でない剣幕で、武藤を叱りつけた。それに恐れをなして、この話を取りやめた、という。

朝日は一九三九年に軍からの依頼を受け華中（上海）で邦字紙「大陸新報」を経営しており、朝日が満州でも同様のメリットが享受できると意図したことは明らかである。だが関東軍は、朝日が満州で影響力を持つことに古野や他の全国紙が反発することを懸念した。武藤の証言は、古野の満州における影響力の一端を示している。

第五章　新聞参戦

一九三七（昭和十二）年七月に起こった盧溝橋事件をきっかけに日中戦争は始まった。以降、日本は泥沼の戦時期に突入することになるが、この時点で戦争の帰趨を悲観する声は少なかった。メディアもまた「報道報国」を掲げ、多数の記者を戦地に派遣し、速報を競い合い、国民もそれを歓迎した。こうして満州事変で形成された「参加者」としての報道姿勢はより強固、より過激なものとなっていった。

「こんな程度でよいのか」

日中戦争の開始を受け、第一次近衛内閣は一九三七（昭和十二）年九月二十五日、官制の内閣情報委員会を拡充発展させ、内閣官房の「部局」として内閣情報部を設置した。

近衛文麿はかねてより情報に強い関心を持っていた。内閣情報部の設置案を取りまとめた内閣情報委員会幹事長の横溝光暉が同案を説明した際、近衛は「こんな程度でよいのか」と言ったという。[1] その結果、内閣情報部はその三年後の一九四〇年十二月、第二次近衛内閣で内閣情報局へ改組拡大されるのだが、もちろん近衛の強い指示によるものである。その詳細は第七章で改めて示すが、横溝の証言は近衛が内閣情報部の組織の脆弱さに不満を持っていたことを示している。

近衛の関心の源流は、大正期、第一次大戦後のパリ講和会議に随員として参加したことにある。近衛は滞在中のパリで、「媾和会議所感」と題した論文を執筆している。その中で近衛は「維納《ウィーン》時代の政治家がほとんど夢想だにせざりし、大規模のプロパガンダが今次の媾和会議において重大なる役目を演じたりし事実は、偶《たまたま》もってこの時代の推移を最もよく説明するものたらずんばあらず。（中略）プロパガンダは実にこの時代の必要に応じて生れ出でたる外交上の新武器に外ならざる也。（中略）プロパガンダ機関の設置と活用とは時世が吾人に向って要求しつつある急務中の急務なる」[2] とプロパガンダの重要性に着目し、そのための政府組織を整備することの必要性を強調している。

第一次世界大戦では、「情報・プロパガンダ」が大きな力を持っていることが認識された。敗軍の将であるドイツのルーデンドルフ陸軍大将は「ドイツは連合軍に敗れたのではない。ロイター通信社に敗れたのだ」という言葉を残している。大戦中にイギリス政府は情報省を設立し、ロイター通信社を通じて、国際社会へ向けてプロパガンダを展開した。それが功を奏して、敵国であるドイツの悪イメージが世界中に定着し、ドイツ国内でも厭戦気分が醸成され、ドイツは敗北したという認識である。「媾和会議所感」からは、近衛がパリ講和会議で、そのことに強い印象を受けたことが窺える。そうしたことから近衛は、プロパガンダを指導する政府組織と、それを実行する通信社の設立という構想を抱いたのであろう。第一章で触れたように近衛はパリで、友人の岩永裕吉に海外向け通信社の設立を勧めたが、そうした構想に基づいたものだ。情報部に対する不満も、第一次大戦のイギリス情報省との比較を念頭に置いたものであったのは確かである。

そんな近衛が不満を示したという内閣情報部であったが、非官制、官制の内閣情報委員会を経て、内閣官房の部局として確たる地位を獲得した組織は、決して脆弱なものではなかった。新設された内閣情報部について、改めて詳しく見ていこう。

近衛文麿

内閣情報部は、その業務を①国策遂行ノ基礎タル情報ニ関スル各庁事務ノ連絡調整、②内外報道ニ関スル各庁事務ノ連絡調整、③啓発宣伝ニ関スル各庁事務ノ連絡調整、④各庁ニ属セザル情報蒐集、報道及啓発宣伝ノ実施――とし、日中戦争下で情報宣伝政策を主導することを掲げている。情報を「国策遂行ノ基礎」と位置付けており、積極的統制を重視したことが読み取れる。

組織は、第一課「総務」、第二課「文化」、第三課「精神動員」の三課から成り、内閣書記官長を委員長として、各省次官に法制局参事官、資源局長官、外務省情報部長、内務省警保局長、逓信省電話局長、陸軍省軍務局長、海軍省軍事普及部委員長らを加えた二十名で構成する委員会が方針を決定し、その方針を内閣情報部が実施するという形態で、初代の内閣情報部長には内閣情報委員会幹事長の横溝が就いた。

それまでの内閣情報委員会（官制）との相違は、各庁事務の連絡調整を中心とした所握事項に、新たに④に示した「各庁ニ属セザル情報蒐集、報道及啓発宣伝ノ実施」を加えたことで、これは単なる「連絡調整」機関から、独自の情報宣伝政策を展開する機関への脱皮を意味している。専任職員は八十八人と、内閣情報委員会の二十八人の約三倍に増員された。さらに一九三九年六月の官制改正では「国民精神総動員ニ関スル一般事項」という職務を加えたのに伴い、一五〇名に職員を大幅増員し、活動範囲を広げた。

増員に加え新たに「情報官」という職制も設けた。情報官の職務は「情報、報道、啓発宣伝の事務を掌《つかさど》る」で、各省庁の情報担当官を兼任の「情報官」に任じて各省庁間の連絡調整の緊密化を図ると共に、情報部自体にも専任（常勤）「情報官」を配置した。この専任「情報官」には、五名の現役軍人（陸軍三、海軍二）が含まれ、部内で大きな発言力を有した。

「民間の活力を得る」ことを目的に「参与」という職務も新設し、メディアの側から古野伊之助（同盟）、緒方竹虎（朝日）、高石真五郎（毎日）、正力松太郎（読売）、芦田均（ジャパンタイムズ）、野間清治（講談社）、小林一三（東宝）、大谷竹次郎（松竹）ら新聞、通信社、出版、興行界の代表が就任し、月一回、参与会を開いた。また部内に設けた「国民精神総動員委員会」には、美土路《みどろ》昌一《ますいち》（東京朝日編集局長）、高田元三郎（東京日日編集局長）、柴田勝衛（読売新聞編集局長）、小汀利得《おばまとしえ》（中外商業新報編集局長）、唐島基智三（国民新聞編集局長）、高田知一郎《たかた》（報知新聞編集局長）、渡部英夫（都新聞編集局長）、上田碩三（同盟通信社編集局長）ら、多くのメディア関係者を任命した。東京の有力各紙の政治、社会部長との定期的会合も週一回のペースで開いたが、この懇談は「内面指導」と呼ばれる積極的統制の手段で、内閣情報部の意向を示してメディア側の自発的意思を引き出すことを狙ったものであった。

これに加えて、「週報」「写真週報」「東京ガゼット」という雑誌・パンフレットの発刊、国民精神総動員運動、愛国行進曲の制定、思想戦講習会、思想戦展覧会、時局問題研究会、地方時局懇談会の開催など、国民向けの啓発宣伝（プロパガンダ）活動も積極的に展開した。

情報部の権限は、メディアを直接統制する権限を有していなかったこと、情報部長が閣議へ列席する資格がなかったこと、人事の独立性の欠如など、限定的なものに留まった。いうなれば「こんな程度でよいのか」という近衛発言の意図するところかもしれないが、その後誕生する内閣情報局の「母体」としての役目を果たし、言論統制の観点から大きな意味を持っている。

報道報国

内閣情報部が設立される二ヵ月前、まさに北支派兵を閣議決定した一九三七（昭和十二）年七月十一日夜、近衛は首相官邸に在京の新聞通信各社幹部四十数名を招き、「挙国一致の協力」を求めた。これに対し岩永同盟通信社社長が代表して「善処」を誓ったが、「全新聞街の論壇はすでに対支膺懲《ようちょう》の筆陣を張り、戦時輿論を結集し、多数の記者を北支へ急派して、必至の危局に備えたのであった」（『日本新聞年鑑』一九三八年版）という状態となった。

さらに近衛は、一九三八年一月に有力地方紙二十社代表を、同年七月に東京の有力新聞、通信社の政治部長をそれぞれ首相官邸へ招待するなど、随所で協力を要請し、メディア側もこれに応じて協力の姿勢を表明した。

新聞各紙の戦争報道について、『日本新聞年鑑』（一九四〇年版）には「聖戦まさに酣《たけなわ》にして世界情勢は一変した。言論、報道の責務この秋《とき》より大なるはない。統制の強化に遭うて経営困難は更に加重したが、東亜新秩序が確立されるまでは一歩も退かじと新聞戦士は、張り切っている。皇紀二千六百年の新戦場を目指して突進しつつあり、心身共に烈しいものがある」として以下のように記されている。

朝日は「事変勃発以来派遣された記者、写真班員、映画班員、無電班員、航空班員、兵站庶務班員等合計人員五〇九人、職務事務に従事するもの約一千余名なり、洵《まこと》に空前の一大報道陣にして、世界戦史上稀に見る皇軍の武威赫々たるとともに、かくの如き多数の従軍記者を派遣したるは実に曠古の事にして、銃後国民に戦線将士の勇戦奮闘の実情を報道し、長期戦に対応して益々戦意を昂揚せしむるなど新聞報道の機能を遺憾なく発揮せり。（朝日が）戦地で使用した飛行機は二十三機、総飛行時間二三〇〇時間、総飛行回数八三二回で、戦況報道として正に世界的新記録を樹立せり。さらに約九十の無線機隊をもって全戦線に無電網を張り巡らし、他にも無電積載トラック隊を編成して疾駆し、トラック、乗合自動車、サイドカーなど百三十余車両、海上には汽船を、湖上には発動機艇を、また千二百羽の通信鳩を携行し、報道陣の強化と完璧に腐心の結果、遂に重大ニュースおよび写真映画は何れも他紙を圧し、好成績を収め得たるは、総ての従業員が朝日精神に徹底して奮励努力せし結果にして、各部隊長より感状、功績賞を交付されたりしもの、十四名の多きに上れり」

毎日も「事変発生以来、今期迄の派遣人員は総計五五一人に達し、期末現在の派遣者は一八六名なり。今期総飛行時間六四時間、総飛行回数九三回」

朝日、毎日、読売の全国三紙および同盟の四社は、記者、写真撮影、映画撮影、無線技術、連絡というチームを編成し、トラックで部隊に従軍した。彼ら戦地へ派遣された報道関係者を総称して「従軍記者」と呼んでいる。これらのチーム編成には膨大な費用が掛かったが、こうした費用を捻出することが出来たのは、「大資本力」を持つ有力四社だけであった。陸海軍が一九四〇年三月二十日に発表した数値では「事変発生以来、昭和十五年三月までの従軍記者数は延べ、二二六四人（陸軍一九三四、海軍三三〇）」で、事変を通じて、同盟が一〇〇〇人を超え、朝日、毎日も約一〇〇〇人、読売は約五〇〇〇人の多きに上ったという。

地方紙の場合は、その地方の「郷土部隊」に一人ないし二人の記者が従軍し、戦地からの記事送稿などは同盟を経由して行った。同盟映画部が撮影したフィルムに地方紙の名前を入れて「巡回ニュース映画」を上映するというように、戦争報道を通じ地方紙の同盟への依存は強まった。

月刊誌『文藝春秋』は、日本軍による南京「攻略」の過熱した報道の実情について皮肉を込めて記している。

「南京へ、南京へ、駒も勇めば征士の靴も鳴る。無論ジャーナリズムもそうだ。大新聞はもとより、弱小地方紙までが、特派員の記事なしでは読者の受けが悪いとあって、鉛筆とカメラと食料とリュークサック姿も物々しく、或は軍のトラックに便乗、或は舟を利用し、或は徒歩で道は六百八十里何のその、敵の地雷の埋れた江南の野を南京城へと殺到した。南京包囲の報道陣、記者、カメラマン、無電技師、連絡員、自動車運転手を合し、優に二百名は超えたであろう。ジャーナリズムのゴールド・ラッシュだ。報道戦線の大拡張である。皇軍の連戦連勝で俄然ジャーナリズムは気が大きくなり、大毎機、読売機の来飛し、朝日機と『南京入城』の華々しい空輸戦を演ずることになった。新聞戦も実戦と同じく、機械戦と云わねばなるまい。自動車なんか一種の消耗品となっている。南京攻略のため朝日と同盟とは、砲煙弾雨の中をくぐるべく、真面目に戦車の利用すら考慮されたのである。大毎、朝日、同盟は戦線と上海支局との通信連絡に無電を使用する。無電機はトラックに積載し移動するが、朝日はバスを張り込んだ。座席を改造し、ベッドも設けている。要するに資本戦である。朝日関係八十余名、大毎関係七十余名、ビッグスリー中、読売は最も手兵が少ない。その上イエロー・ペーパーは読売のモットーなのか、臍のあたりが痒くなる創作を平気で書きなぐっている」（一九三八年一月号）

また『日本新聞年鑑』（一九三八年版）には、特異な活動が記載されている。朝日の社機「神風号」「朝風号」についてである。両機は一九三七年、「陸軍航空部隊の遠距離捜索に従軍し、航空部隊の任務達成に貢献すること大なり。敵軍上空奥深く活動し、或は敵弾を冒し、或は荒天候を突破し、克《よ》く其任務を完うして敵航空の動静を捉えて、以て航空部隊に的確なる作戦資料を提供せり」と、索敵行動に参加した。そして「その功績や極めて大にして航空部隊戦績の一部を飾るものと言うべし。深く其労を多とし感謝の意を表す」と、軍から感状と記念品が贈呈されたことを誇らしげに記している。新聞社の社機が「報道」の活動の枠を超えて、軍事行動に参加した例は、国際的にもないであろう。

その一方で、「戦死」する従軍記者も相次いだ。『日本新聞年鑑』(一九四一年版)によると、「昭和十五(一九四〇)年三月現在」で、二十七人(陸軍従軍二十三、海軍従軍四)という。その多くは写真や映画のカメラマンや前線で撮影したフィルムや記事を携行し、後方に届ける連絡員だったという。戦死者は軍属として取り扱われ、二十七人の内十二人は靖国神社に合祀されている。合祀の選定基準は定かでないが、戦死者全員ではなく、朝日三(記者一、写真カメラマン一、映画カメラマン一)、毎日一(連絡員)、読売二(記者一、連絡員一)、同盟二(記者一、映画カメラマン一)、福岡日日一(写真カメラマン)など、朝日、毎日、読売の全国紙や同盟という有力メディアの戦死者が多数を占め、そこには軍部の有力メディアに対する「配慮」が感じられる。同年鑑は、「新聞社及び遺族一同は勿論、全新聞界を挙げて悉くその光栄に感激した」と記している。

つまり、満州事変で定型が作られた「戦況ニュース」の取材方法や記事のスタイルを、大量の「従軍記者」の投入に加えて、日中戦争では飛行機、自動車、果ては装甲車などの機動力を使用して、大規模発展させたのである。「報道報国」のスローガンが表象するように、「国策に順応」することを当然視し、販売と一体化した「戦況ニュース」に血道を上げたのである。

そうした新聞界の意識は「今次事変に於いては、見事な言論統制が自発的に行われた。言論自由を伝統とする朝日の如きが、最も熱烈なる日本主義の鼓吹者となった。他は以て知るべしである。為めに国論の統一強化にどれほどの貢献を新聞がしたかは、計量を絶するものがあった。新聞は完全に国家の御役に立った」(『日本新聞年鑑』一九三八年版)という記述からも浮かび上がる。つまり、国家から強いられたのではなく、進んで「国策に順応」したと言えるのである。

兵器を献納する新聞社

新聞の戦争協力は「記事」を通じた「戦意高揚」だけに留まらなかった。「思い思いに知恵を傾けて、多種多様の献納運動を競った。およそ新聞社の計画する事業は、総て戦時色に彩られたもののみ」(『日本新聞年鑑』一九三八年版)という指摘には、新聞各社の戦争に対する「協力」意識が表象されている。

こうした「兵器の献納運動」を真っ先に、且つ最も大規模に展開したのが朝日である。同紙は事変勃発直後の一九三七(昭和十二)年七月二十日付朝刊で、「空軍充実今や焦眉の急　帝国としては、今や挙国緊張して国防の充実に邁進しなければならぬ。かねて本社の提唱実行してきた航空報国運動を、この際飛躍的に拡大して、我が空軍の強化に国民的協力をなすため、ここに軍用機献納運動を提起することに決した。国民各自は国防上焦眉の急とされる、空軍機材の充実に対して出来得る限りの寄与をなし、鉄壁の如く東亜の空の護りを完《まった》からしむるは、烈々たる報国精神に燃ゆる国民の責務である」と軍用機献納運動を提唱し、「一口一円以上を本社にて受け付けます」と読者に募金を呼び掛けた。

この運動に対して、近衛首相が「挙国支援を期待」、杉山元《はじめ》陸相が「朝日新聞の運動が絶大なる寄与を為すことと信じ、成功を希望して已まない」、米内光政海相が「時局柄実に適当な企画で、海軍の将士は熱誠溢るる後援に、衷心感謝し奉公の念を堅うする」とそれぞれ談話を寄せ、同紙はそれを掲載し、運動を盛り立てた。多額の献金をした会社や個人の名前を掲載した他に、「お小遣を」「屑物を集めた代金を」「商売の儲けを」など美談の記事に仕立てて募金を煽った。そして募金を元手に同年十一月までに陸海軍へそれぞれ四十五機ずつ、計九十機を製作し、献納した。「これら献納機は『全日本号』と命名され、戦線に威力を遺憾なく発揮しつつある」（朝日一九三七年十一月二十八日付朝刊）と自賛している。その後も朝日は軍用機献納運動を進め、一九四〇年までに「献納」軍用機は、更に百機を数え、「我無敵空軍の一翼として、大陸に殊勲を樹てつつあり」（『日本新聞年鑑』一九四〇年版）とした。

こうした朝日、毎日、読売の全国三紙が「知恵を傾けて」展開した協力事業は、『日本新聞年鑑』（一九四〇年版）に以下のように記されている。

朝日

①〈**高射砲献納**〉紙面で呼び掛けると、たちまち一週間で献金は七七万二五〇〇円に達し、高射砲二十二門、高射機関銃二十三挺を陸軍へ献納した ②〈**戦車大展覧会**〉本社主催、陸軍省後援で東京、大阪、名古屋の三市で開催。三市では陸軍省が戦車の市内行進を行い、東京百五

十万人、大阪三百万人、名古屋百万人が入場し、「多大の感銘を与えた」③〈**金鵄盃贈呈**〉橿原神宮から御恭頒された金鵄盃一五〇〇個を、前線将兵に感謝を捧げるため配達班を組織し配布した　④〈**皇軍慰問隊派遣**〉陸軍当局と協議の上、将兵慰問のため吉本興業専属の漫才、漫談、音曲など一流芸人揃いを前線へ派遣し、「将兵より多大の感謝と賞賛を博した」⑤〈**軍歌の献納**〉皇軍将士に対し感謝の熱意を捧げるため歌を懸賞募集した。二万五〇〇〇余の応募から「父よあなたは強かった」を選び、コロムビア専属作曲家に作曲を依嘱。発表会を東京、大阪、京都、神戸、名古屋で開催した。「発表会は聴衆場外に溢れ、希有の盛況を呈したり」⑥〈**小学校教師団の派遣**〉大陸の視察と皇軍への感謝のため全国から小学校教師五十六人を選抜し、派遣した　⑦〈**聖戦美術展覧会**〉陸軍省後援、陸軍美術会と共同主催で、国民精神昂揚と軍事美術の奨励に資せんがため、社告で作品を募集し、聖戦美術展覧会を開催した　⑧〈**銃後奉公大行進**〉朝日主催、陸軍省、海軍省後援で大行進を随時行った。「長期戦へ不動の決意を新たにし、皇国一致の態勢を強化し、聖戦の目的達成に邁進する銃後の意思を示す」のが目的で、一九三八年十二月三十日の「漢口占領記念」には、朝日主筆の緒方竹虎を先頭に三万人が靖国神社から皇居前まで日の丸を掲げて行進

毎日

①〈**皇軍慰問資金献納**〉計一七九万五三六一円を陸海軍へ献納　②〈**愛国金献運動**〉一九三八年五月に全国有力銀行の奉仕協力の下に「金」を陸海軍へ献納する運動を展開した。取り扱い

数は一一四万七六一五点におよび、五月以降は政府が事業を引継いだ。「本社の提唱が国民大衆をして深く時局を認識せしめ且つ国民精神作興に寄与するところ少なからず、自ら有効適切なる国家的奉仕を為し得たることを欣幸とするものなり」③**〈廃品回収運動〉**金献運動と併せて廃品回収運動を提唱し、「新聞紙上を通じて国民に資源愛護廃品回収の国家的精神を普及せしめ優秀なる成績を挙げた」④**〈軍歌の献納〉**「進軍の歌」「露営の歌」「日の丸行進曲」「大陸行進曲」「太平洋行進曲」を献納した。東京、大阪、名古屋その他主要都市で発表会を開催し、歌は「全国的に愛唱された」⑤**〈映画の上映〉**「武漢従軍報告」「南支派遣軍」「愛馬進軍歌」「太平洋行進曲」「我等の艦隊」等を、全国一五〇〇余の映画館で上映した。「何れも全国一流映画館にて上映し、絶賛を浴び使命を果たした」

読売

①**〈献金運動〉**戦没者遺族、傷痍軍人に三十七万円を献金　②**〈銃後強化標語の募集〉**七万八〇〇〇通の応募があり、「護れ　興亜の兵の家」などの標語を選定した　③**〈軍歌の献納〉**歌詞を懸賞募集し「空の勇士を讃える歌」を献納

こうした全国紙の「事業」をモデルとして、地方紙も同じように協力事業を行った。だが地方紙の場合は「資本力が脆弱なため、出費が掛からぬように工夫し、趣向を凝らした」（『日本新聞年鑑』一九三八年版）という。

旭川新聞の〈弾丸献納〉、北海タイムスの〈慰問金募集〉〈郷土部隊への慰問演芸団派遣〉、河北新報の〈標語募集〉〈時局絵葉書児童作品展〉、新岩手日報の〈護国展覧会開催〉、東奥日報の〈巡回戦争ニュース映画上映〉〈現地報告講演会開催〉〈郷土部隊への蓄音機贈呈〉〈遺族への慰問金募集〉、岐阜日日の〈事変博覧会開催〉、北國新聞の〈海軍戦闘機献納〉〈国防献金、遺族慰問金募集〉〈郷土部隊への慰問新聞の寄贈〉、中国新聞の〈興亜聖戦博覧会開催〉、山陰新聞の〈郷土部隊壮行歌の献納〉〈事変博覧会開催〉、徳島毎日の〈従軍記者報告会開催〉〈郷土部隊への慰問新聞の寄贈〉、四国民報の〈海軍への軍艦旗献納〉、海南新聞の〈従軍記者報告会開催〉〈巡回映画上映〉、福岡日日の〈皇軍慰問ドンタク隊の派遣〉〈傷痍軍人快癒祈願の巡拝〉〈慰問金献納〉、佐賀新聞の〈陸軍病院への自動車献納〉

これら戦争に関わる報道や協力事業は、営業目論見と密接に絡み合ったものであった。まさに、「新聞資本主義」が遺憾なく発揮されたのである。日中戦争が勃発した一九三七年から、太平洋戦争勃発の一九四一年までの五年間に、第一章で示した図表「全国紙の発行部数の推移」が示すように、一九三七年・朝日二四四万部、毎日三四七万部、読売八八万部、一九三八年・朝日二四八万部、毎日二八五万部、読売一〇二万部、一九三九年・朝日二六八万部、毎日二九三万部、読売一二〇万部、一九四〇年・朝日三〇六万部、毎日三二一万部、読売一二〇万部、一九四一年・朝日三四九万部、毎日三四九万部、読売一三三万部——と、揃って発行部数は増加した。このようにして、国家とメディアの、いわゆる「上下の絡み合い」は、日中戦争で強固なものとなり、一層深化を遂げた。

同盟が作った新聞社と通信社

こうした新聞社の動きに対して、同盟も日中戦争下で、「国策通信社」として特異な活動を展開した。同盟が政府に補助金を要求した文書「(一九四〇年度)助成金下附申請書」には、「皇軍現地工作ニ不少ザル貢献」と記しているが、具体的にはどのような貢献をしたのだろうか。『通信社史』は、同盟が中国の日本軍占領地で行った「宣撫工作」として、以下の活動を挙げている。①通信社の育成・設立、②既存新聞の整理・統合と新たな新聞の発刊、③宣伝団体の結成、④学校の設立――。

「通信社の育成」とは、一九三八年二月上海に設立された「中華聯合通訊《つうじん》社」と、一九四〇年五月南京に設立された「中央電訊《でんじん》社」の育成を指している。中華聯合通訊社は同盟と提携して、同盟が東京で作成した記事を現地新聞社に配信する通信社業務に加え、宣撫を効果的にするため新聞雑誌の取次ぎ販売を行う「販売部」や、広告を斡旋する「広告部」も設けた。『通信社史』には、同通訊社の設立について「同盟が中国側有志と協力して創った[3]」と記されている。だが後に陸軍省報道部長を務めた中支方面軍報道部長馬渕逸雄大佐は、一九三九年十月に作成した「中支ニ於ケル報道宣伝業務ノ概況[4]」と題する文書で、「中華聯合通訊社ハ　軍報道部ニ於テ之ヲ掌握シ　同盟通信社ト表裏一体ノ関係トシ」などと記している。つまり表向きには中国側が運営しているように見せ掛け、裏では同盟を通じて軍報道部が指導したのである。

さらに通信社でありながら、新聞創刊に携わる活動も展開した。一九三九年の在支日本軍は華北の北支方面軍、華中の中支方面軍、満州の関東軍と三つの軍管区で構成されており[5]、それぞれの軍団が管区内の中国人や日本人の世論指導を目的に、既存の新聞を整理統合し、軍の機関紙という位置づけで新たな新聞創刊を行ったのである。同盟は、北支方面軍の要請を受け、占領地域である北京を中心とした華北で、既存の日本語、中国語新聞を整理統合、新たに新聞を発刊する工作に関わった。

当時、北支方面軍参謀長だった山下奉文《ともゆき》中将（当時）は、陸軍省に宛てた電報の中で「当地邦人ノ急増ニ伴イ　既設邦字紙ハ　北京新聞ハ五万円ニテ買収ニ応ジ　新支那新聞ハ五万円ノ株ヲ与エテ新設新聞ニ合併スルニ至リ　国策新聞発刊ノ予定ナリ[6]」などと記している。買収や新設に関する具体額の報告である。北支派遣軍の動機は「関東軍は満州新聞、中支方面軍は大陸新報を機関紙として持っていた。北支方面軍もそれに倣って東亜新報を持った[7]」というものであった。これを実務の面で支えたのが同盟である。

当時華北で発刊されていた邦字紙は、殆どが明治、大正期に民間邦人が創刊した新聞で、十数紙存在した。新聞統合を主導した同盟の北支総局長佐々木健児は「華北に於ける邦字紙、華字紙の統合を、古野さんの意を受けて、北支方面軍の方針に沿って行った[8]」と証言している。また『通信社史』にも「日本国内の一県一紙の見本になったのは、華北における日華字紙の統制であった。佐々木北京総局長は古野構想と軍の意向により進めた[9]」と記述され、後に行われる日本の新聞統合との関連性を示しつつ、古野と軍の関係を指摘している。

いずれにせよ、こうした同盟の活動の結果、一九三九年七月には新たな邦字紙「東亜新報」が創刊。さらに一九四四年五月には華字紙二十数紙が統合され、華字紙「華北新報」が誕生した。そして同盟は両紙の経営陣に、同盟社員を就けて影響力を行使した。東亜新報社長の徳光衣城《いじょう》は、かつて聯合の内信局長として古野の部下であった。徳光は聯合退社後に毎日で社会部長を務めるなど業界内では有名な存在で、東亜新報社長就任は、古野の軍への推挙によるものであった。戦後、読売の「名コラムニスト」として名を馳せた高木健夫は、同紙の主筆を務めている。

第六章　映画の統合

かつて国民の娯楽の中心にあった映画を国威発揚のプロパガンダに用いない手はなかった。フィルム供給や上映時間などを条件に、統制の動きはニュース映像の「時事映画」から政府推奨の「文化映画」、銀幕スターが活躍する「劇映画」へと及んでゆき……。新聞社も加わる制作各社の「統合」の現場には、後に大映社長として知られる永田雅一らに加え、古野の姿もあった。

我国初の文化立法

まだテレビが存在しなかった戦時期においては、映画が娯楽の中心であった。映画の国民世論に与える影響は看過できるものではなく、それを認識した政府は、映画の統制に着手した。一九三九（昭和十四）年四月に公布された映画に対する統制法、映画法がそれである。

内務省警保局と文部省社会教育局が共同で制定したもので、同法には、検閲による公安・風俗の秩序維持という「消極的統制」と、映画の影響力を利用して国民動員を図ろうという「積極的統制」の両面の意図が盛り込まれていた。[1]

「我国初の文化立法」という鳴り物入りで公布された映画法は、二十六条から成っている。第一条では「国民文化ノ進展ニ資スル為映画ノ質的向上ヲ促シ映画事業ノ健全ナル発達ヲ図ルコト」と映画の発展のため、国家として助成することを掲げている。その一方で、統制として①映画の制作・配給業者の許可制（二、三、四条）、②映画制作業者（監督、俳優、撮影技師）の登録制、③脚本の事前検閲――従来からの事後検閲と併せて二重検閲（九、一四条）、④優良映画の「選奨」（一〇条）、⑤国民教育上有益ナル特定種類ノ映画ノ上映（一五条）、⑥外国映画の上映制限（一六条）、⑦興行（上映）時間、映写方法、入場者の制限（一七条）、⑧映画の種類、数量の制限、配給の調整、設備の改良、不正競争防止に対する主務大臣の命令権（一八条）――を盛り込み、映画を制作、配給、上映という三つの側面から包括的に統制することが意図された。

文化立法と言いつつも、その主眼は文化の育成というよりも、がんじがらめの検閲の実態が浮かびあがってくる。事実、小津安二郎監督は戦後、「映画法なるものは、我国の国民文化の進展に資するため映画の健全なる進歩発展を助長することを目的として公布されたのであるが、その実際の運営に当たっては、かえってその精神に反するような結果を招くこともしばしばであった。例えば飲んだくれの仕事に忠実でない労働者が時局に目覚め俄然悔悟蘇生するに至る過程を描かんとしても、その映画化は不可能であった。何故なら、検閲は今日の時局に於いては、そうした飲んだくれの仕事に不忠実な労働者は存在しないと解釈したからである。善を描く場合に悪との対照に於いて描くことは許されなかった。（映画法は）目的とは全く正反対の方向へ映画を導いて行ったことは否定できない」などと批判している。[2]

ただ一方で、東大名誉教授奥平康弘は「奇妙なようだが、映画というものの国法上の地位を高める効果をともなったのである。新立法は、たんに映画（制作・配給・上映）の自由を取締まるだけでなくて、独特な仕方で、映画の全体秩序を助成し保護するという、総じて映画をひとまとめにして国家が面倒をみる事業にすることを指向した。新秩序を形成する役割をになう法律は、三〇年代においては先駆的・先導的であった」[3]と、一定の評価を与える指摘をしている。

こうした評価はともかく、注目されるのは、当時の映画業界が映画法を歓迎し、映画法の制定にも参加したことである。業界の実力者であった松竹幹部の城戸四郎は「映画法だが、時代の勢いが全体主義的な政治の形態に持っていかれる過程の一つで、政府の睨みもそこにあった。ところが、そうは感じなかった。それよりも、そういう法律を通じて、我々が参画することによって、検閲に対しても、単に内務省の下の方の検閲官の、単なる考え方のみに支配されたくない、というのが一つ。それから強制上映によって、文化映画や時事映画に、物資が適正に恵まれるチャンスを与える意味において、この法律がいいだろう、という考え方だった」[4]と語っている。
城戸の言が示すように、映画業界には「国家が関与することで、映画制作会社の過当な競争が緩和され、業界内が安定する」、「映画の社会的地位が向上する。それに伴い映画会社の経営者にとっては金融上の信用が得られ、銀行からの融資を受けることが出来る」などの意識が働いていた。[5]
映画法は施行規則で、映画を劇映画、時事映画、文化映画、その他（漫画などアニメ）の四つに分類している。時事映画は「時事ヲ撮影シタル映画ニシテ国民ヲシテ内外ノ情勢ニ関シ須要ナル知識ヲ得シムベキモノ」、文化映画は「政治、国防、教育、学芸、産業、保険等ニ関シ、国民精神ノ涵養又ハ国民智能ノ啓培ニ資スル映画（劇映画ヲ除ク）ニシテ文部大臣ノ認定シタルモノ」と、それぞれ定義している。つまり「時事映画」はニュース映画、「文化映画」は一定の長さのドキュメンタリー（記録）映画のことである。
城戸が述べている「強制上映」というのは、文化映画や時事映画を劇映画と並行して上映することを映画法（一五条）で義務付けたことを指している。文化映画の強制上映は、内務省警保局の唐沢俊樹局長、事務官館林三喜男から協力を求められた城戸が「ドイツでは、文化映画を上映した映画館に対して、入場税の減免を行っていた。それがため文化映画が盛んになった」ことをヒントに、「文化映画は営業的には、大体において採算に合わない。そこで強制上映を映画法に盛り込むべきだと主張し、採択された」ものだという。[6]

「日本ニュース映画社」の設立

時事映画は「実写」「出来ごと」とも言われ、大正期から朝日、毎日両紙が精力的に取り組み、競い合って制作した。一九二四（大正十三）年の昭和天皇のご成婚ニュース撮影は、朝日が飛行機四機を待機させ、撮影した未現像フィルムを次々に投げ込み、一機ずつ大阪へ向け飛び立ち、一機が暴風雨で行方不明となったものの後続機は無事大阪へ到着し、即夜公開上映した。これに対し毎日の飛行機は不時着し遅れるなど、ここでも朝日、毎日両紙は面子《めんつ》を賭けた競り合いを演じている。[7] 両紙とも時事映画を新聞販売の販路拡張の道具として活用する思惑から、揃って映画制作に取り組んだが、満州事変を契機に、日中戦争で一層本格化させている。

昭和初期、都市部では、時事映画の専門映画館も開設され、朝日は東宝系、毎日は日活系映画館で上映するなど、多くの観衆を集めた。松竹も一九三〇（昭和五）年に時事映画制作に着手し、週一回のペースで制作したが、「朝日や毎日などの新聞が大々的に始めたので、情報網では彼らの方が完備しているから、松竹は自然に手を引くことになり[8]」、一九三五年には撤退している。

日中戦争では朝日、毎日の他に読売、同盟も制作を開始し、この報道メディア四社は「時事映画制作四社」と呼称された。戦場の様子を撮影した時事映画は好評を博したが、これは戦地の状況を動画で観たいという意識の他に、「スクリーンの上に、思いがけず、わが父、わが子と対面できる」という期待感も働いたためといわれる。[9]

しかし、戦局の膠着で華々しい戦闘シーンは数少なく、取材制限も厳しくなり、四社のニュース映画は殆ど同じ内容となった。これに加えてフィルムなどの制作資材も不足をきたした。三九年春、こうした状況を懸念した古野は、内閣情報部で映画芸能担当をしていた情報官山岸重孝を呼んで次のように伝えた。「日本は物が豊富でないのに、戦争が起こってますます窮屈になっている。こういう時にフィルムのように大切なものが、四社の競争で大量に使われている。本当にむだな話だ。たとえば同じ観兵式のニュースに、四社がそれぞれ長々とフィルムを使っている。これを一本にして充実したものにし、正しい日本の姿を映画で内外に示すべきである。横溝情報部長には僕から話しておくよ」[10]。

古野の発案を受けた情報部は時事映画制作四社の統合へ動いた。だが新聞側の承諾を得るのは難航した。朝日に対しては古野が緒方に話をして了承を得たが、毎日、読売は新聞販売の有効な手立てである時事映画を失うことに反対し、とくに読売の正力は「競争があった方が良いものが出来る」と強い態度で応じた。その時のことを山岸は「正力さんに圧倒され、二の句がつげず、大変な仕事を引き受けたと思いました」と回想している[11]。

しかし、正力も情報部の強い要請やフィルムなどの資材不足が深刻になったため、しぶしぶ統合に応じざるをえなくなり、四〇年四月、四社が統合して「社団法人日本ニュース映画社」が設立された。古野が情報部に話を持ち掛けて以来約一年を要したことになる。四社の時事映画は、朝日の「朝日世界ニュース」は三三〇号、毎日の「東日大毎国際ニュース」は三六五号、読売の「読売ニュース」は一六四号、同盟の「同盟ニュース」は一五八号が最終号である。

新たに作られた日本ニュース映画社は、設立から一年経った四一年五月、「社団法人日本映画社（日映）」と改称したが、戦時下において唯一の時事映画制作社として、戦場や戦時下の国民生活の様を映像で記録した。中でも広島、長崎の原爆の記録は歴史的価値を有している。

ところで日本ニュース映画社の設立に際し、その設立総会の席上で、古野と正力の対立が表面化した。新会社の社長人事について、事務方は「新会社の社長には同盟の古野社長が、望ましい」と提示したが、これは事前に古野との間で話がついていたことであった。しかし、正力は「古野君の社長就任には反対だ。社長には同盟の上田碩三君を据えるべきだ」と反対意見を表明した。これに慌てた事務方が古野に「古野社長就任の賛成が得られない場合は、設立総会を流会にして欲しい」というメモを手渡した。だが古野はメモを片手に、「今、事務方からメモが回ってきた。古野でなければ嫌だと書いてある。若い事務方は上田君を知らない。仕方がないから私が社長をやり、上田君は専務にという案でどうか」と切り返し、これに正力は「うーむ。それならいい」と応じて収まった[12]という。

上田は、電通社長光永星郎の縁戚（夫人の従弟）で、電通の通信社部門の責任者として、さらに国際報道記者として名を馳せた人物である。だが聯合出身者が主導権を握る同盟では主要なポストから外されていた。正力は、上田を古野のライヴァルと見立て、事あるごとに古野の対抗馬として上田を推した。古野の同盟社長就任に反対し、上田を社長に推した経緯もある。ちなみに上田は戦後に電通社長を務めたが、友人の米UP通信社幹部のマイルズ・ボーンと東京湾で鴨猟中に船が転覆する事故で共に水死した。国際報道に貢献した記者に贈られる「ボーン・上田記念国際記者賞」はこの二人を顕彰して設立されたものである。

「欠くべからざる武器」としての映画

さて、日本ニュース映画社の社長に就任した古野だが、文化映画の強制上映が一九四〇（昭和十五）年一月から既に実施されていたのを踏まえ、時事映画についても強制上映とするよう内務省に要請した。強制上映の根拠である映画法第一五条の「国民教育上有益ナル」という目的に時事映画も合致することを名分としていたが、制作会社の安定した財源確保を意図したものだ。

これに対し映画業界は、映画法で規定された三時間の上映時間内に、文化映画に加えて時事映画も上映すると、劇映画の上映時間が短くなり、劇映画の制作上の問題が生じることなどを理由に反発した。だが、日本ニュース映画社が制作した時事映画の第一号が「天皇陛下関西御巡幸」であったため、業界も反対の声を抑えざるを得ず[13]、同年十月から時事映画の強制上映は実施された。時事映画と劇映画をセットで上映するスタイルは、こうして戦時期に定着し、戦後もしばらく継続された。

日本ニュース映画社が後に、「社団法人日本映画社（日映）」と改称したことは先に示した通りだが、これは単なる社名変更にとどまるものではなかった。すなわち業務の拡大である。

時事映画を制作していた同社は、改称に際して文化映画にも力を注ぐことを明確にし、文化映画を制作していた松竹、東宝、東日大毎、読売の各文化映画部に加え、十字屋、富士スタジオ、東京文化映画制作所の七社を吸収したのである。

こうした時事映画、文化映画の統合は、劇映画にも影響を及ぼした。次章で詳しく述べるが一九四〇年十二月に内閣情報局が設立されると、映画指導は内務省から情報局へと移された。情報局は映画を「国家総力戦を遂行するためには、弾丸と同様に欠くべからざる武器となった。映画が戦時下の武器となった以上、国家の目的とするところと一体となって、映画に課せられた重大使命を遺漏なく果たすべき」[14]と位置づけ、劇映画の制作会社の統合に着手した。

情報局は一九四一年八月、当時存在した劇映画の制作会社十社に対し、松竹、東宝の二社に整理統合する案を提示した。しかし新興キネマの京都撮影所長であった永田雅一は「情報局の意向に沿った劇映画を制作する会社が必要だ」とアピールし、情報局もこれに応じて、新興キネマ、大都映画、日活（映画制作部門）三社が統合し、新たに「大日本映画製作株式会社（大映）」を設立することを認め、当初の二社から大映を加えた三社とする方針に変更した。こうして一九四二年一月、松竹、東宝、大映の劇映画制作三社体制が実現した。情報局の「時局に沿った劇映画の制作」という指示の下で、制作会社三社も「映画報国」というスローガンで応え、「国策映画」と呼称する劇映画を制作した。

この大映設立に際しては、永田から情報局第五部長川面隆三、同部第二課長不破祐俊に金銭が渡された贈収賄容疑があるとして、永田、川面、不破の三人が逮捕される事件が起きた。不起訴となったが、これは大映関係者によると、映画の監督権を情報局に奪われた内務省が、配下の警察を使って嫌がらせをしたためとも言われている。永田は戦後に政界の実力者河野一郎に取り入るなど「政商」と称されたが、そうした才が昔からあったのだろう。大映の初代社長には作家の菊池寛が就任している。

映画に対する統制は、フィルムという不可欠な資材を統制することを手段として進められた。

統制について、制作会社側は、上からの強制を必ずしも忌避せず、「映画報国」というスローガンの下、映画法の制定にも関与した。新聞、通信社と同様に「参加者」という意識や形態が存在したことは、重要な点である。

第七章　内閣情報局に埋め込まれた思惑

一九三八（昭和十三）年四月、近衛内閣は国家総動員法を公布した。文字通り全ての人的・物的資源を政府が統制運用できる法律であり、メディアもまた例外ではなかった。内閣情報部は情報局に格上げされ、メディア幹部を巧みに動かしながら、総力戦の名の下、さらなる統制を推し進めていった。

軍部と官僚、新聞、そして古野……、交錯するそれぞれの思惑を抱き込んだ新たな組織は何を目指していたのか。

「死刑宣告の新聞」

一九三八（昭和十三）年一月、帝国議会に提出された国家総動員法は三月には満場一致で可決成立し、四月に公布された。同法は、「国家総動員とは戦時（事変の場合を含む）に際し国防目的達成の為国の全力を最も有効に発揮せしむる様人的及物的資源を統制運用するを謂う」（第一条）と規定しているように、総力戦遂行のため人的、物的資源を統制運用する広範な権限を、国家が有することを認めた法律である。とくに第三条には「国家総動員上必要なる情報又は啓発宣伝に関する業務」と記され、メディアが動員対象として正式に指定された。さらに二〇条では「国家総動員上必要あるときは勅令の定むる所に依り新聞紙其の他の出版物の掲載に付制限又は禁止を為すことを得」と統制の強化を付記している。これはメディアを物資、資材と同様の「物的資源」と位置付け、総力戦体制に組み込み、「情報、啓発宣伝」機能を最大限発揮させるという、積極的統制を意図したものである。

これまで政府の指示に順応してきた新聞もさすがに、国家総動員法には敏感に反応した。法案として国会へ提出される直前に、読売が一九三八年一月二十六日付夕刊で、「国家総動員法要綱　物心両面一切に亙り　高度統制原則確立」との見出しで、法案の中身をスクープした。同紙によると、政府原案には「政府は戦時（または事変）に際し、新聞紙法の罰則規定に依り、一カ月二回以上または引続き二回以上、新聞紙の発売及び頒布を禁止したる場合に於て、国家総動員の為必要あるときは、勅令の定める所に依り、其の新聞の発行を停止することを得るものとすること」と、新聞の発行停止という厳罰規定が盛り込まれていた。もちろん、この条項に新聞側は強く反発し、「二十一日会」を通じて政府に条項の削除を申し入れた。同会は東京の有力新聞の幹部で構成する団体で、毎月二十一日に会合したことから二十一日会と命名された。[1]

同会の総動員法要綱に対する反発は、日中戦争へ新聞社側が進んで全面協力をしたにも拘らず、規制するとは何事かというもので、『日本新聞年鑑』（一九三九年版）の、「日支事変（日中戦争）発生以来、吾が全新聞界じゃ、政府の注文の有ると無いとに関らず、専ら国策に協力して自粛自正、よく銃後、新聞としての任務を果し来った。然るに、たまたま議会に国家総動員法の提出さるるや、新聞停刊処分に関する規定及び刑罰を規定した条項は甚だしく新聞界を脅威するものなりとして、二十一日会の猛反対運動となり……」という記述は、そうした感情を表している。結果的に政府側は新聞側の懐柔に努めざるを得なくなり、新聞の発行停止という厳罰規定を削除した。新聞社側も、政府の対応を諒とし、国家総動員法自体への批判を消極的なものに留めた。

ただ、こうした動きに対し、月刊誌『文藝春秋』は、「死刑宣告の新聞」と題して「新聞は国家総動員法に、頗る不明瞭な態度を取った。徒《いたずら》に時流に媚び、新聞事業を継続するために、奥歯に物の挟まったような、渋りっ腹の観測しか下し得ない。新聞は保身以外の何物でもない。その宿場女郎ぶりは国家に不実、読者にも不実」（一九三八年三月号）などと激しく批判している。

ところで同法は三年後、一九四一年三月に、政府の権限を強化した内容に改正された。そこには新聞社の解散命令も含まれている。「政府の肚一つで経済団体の編成を実現せしめ得る。敢えて単行法の制定を俟つまでもなく、勅令一本で有無を言わせず断行し得ることになった」[2]同法に従えば、経済団体のひとつである新聞も例外となることは出来ない。

だが、この改正に対し、新聞側は何等の反対を唱えることはなかった。それどころか朝日は「成立法案の時局的意義　経済体制の強化」と題して、「要するに来るべき国家の非常時局に対応して、労務、物資、資金の各方面にわたり国内経済法制の完璧を期せんとするものである」（一九四一年三月一日付朝刊）と論評し、改正の「時局的意義」を評価している。太平洋戦争が現実味を帯び、統制が強化される時流の中で、反対という意識すら喪失したのだろう。

内閣情報局の陣容

国家総動員法を制定した近衛内閣だが、一九四〇（昭和十五）年七月には第二次政権となりさらなる言論統制の強化を打ち出した。組閣の際に記者会見を行った近衛首相は、「強力な情報機関の設立を、重要政策とする」との考えを表明した。この近衛の強い指示のもと、一九四〇年十二月六日、内閣情報部を発展解消する形で新たに内閣情報局が設立された。第五章で触れたように、近衛は「こんな程度でよいのか」と、内閣情報部の組織に不満を感じていた。

新たに設立された情報局は、「政府の情報関係部署の一元化」を目的としていた。外務省情報部は松岡外相の指示や近衛の「情報局総裁のポストは外務省へ渡す」という説得で廃止され、対外宣伝を担当する情報局第三部「対外」に吸収された。だが陸海軍は権限を手放そうとはせずに、既存の情報関係部局である陸軍省情報部、海軍省軍事普及部を共に名称を「報道部」と改めただけで存続させた。また検閲を担当する内務省も警保局図書課を「検閲課」として存続させ、同じように検閲を担当する情報局第四部第一課と二枚看板を掲げ、内務省検閲課長が情報局第四部第一課長を兼務した。このように「矛盾」を含んでいたものの、言論統制の系譜からすると、消極的、積極的統制の組織的合体が完成したという意味では、大きな進展であった。また実質的にも、以前の内閣情報部と比べると遥かに大きな強い権限を有した言論統制、宣伝の国家機関であった。組織は第一部「企画」、第二部「報道」、第三部「対外」、第四部「検閲」、第五部「文化」の五つの部と十七の課から成り、総裁、次長の他に五十一名の「情報官」を含めて膨張時の職員数は五五〇名を数えた。組織は設立当初の五部編成が、一九四三年四月には四部編成（第五部が廃部されて第一部に編入）となり、さらに同年十一月には三部編成（第一部を廃部し官房へ編入）などと改編された。

情報局は丸の内の帝国劇場を接収し、居を構えたが、発足の模様を読売は、「帝劇の舞台は、回って」の見出しで次のように報じている。

「六日、内閣情報部が情報局となった。新体制の脚光を浴びる旧帝劇に『部』から『局』への静かなる脱皮が行われたのである。真新しい檜材の看板が玄関に掲げられ、初代総裁伊藤述史《のぶふみ》がさっそうと参内、午後には第一部長の海軍軍事普及部伊藤賢三少将、第二部長の参謀本部吉積正雄少将はじめお歴々が顔を輝かせて初登庁だ。その総数高等官五十名、属九十名、嘱託、雇員併せて三百五十名、昨日までの部員数百七十名に比べて一朝にして二倍に膨らんだ大世帯である」

（一九四〇年十二月六日付夕刊）

明らかに情報局設立を称揚する記事であるが、これを報じた読売は一九四一年一月十二日に、情報局の伊藤述史総裁とナチス・ドイツのゲッベルス宣伝相との電話会談を企画している。伊藤はドイツ語で「枢軸国間の国民的提携」を呼び掛け、これにゲッベルスが応じる内容で、この電話会談は放送協会がレコード録音し、同日夜のラジオ放送でも全国放送された。このように新聞は、情報局の設立を好意的に受け止めていた。

統制者となったメディア

言論統制機関である情報局の設立について記事等で歓迎の意を表したメディアだが、それはあくまでも統制される側としての動きである。終戦まで存続した情報局を詳しく見てゆくと、そこには統制されるメディアが統制側に遷り変っていく様を見て取ることができる。最も顕著に表れているのが情報局の幹部人事である。歴代総裁およびナンバー2にあたる次長の一覧を以下に示す。

総裁

伊藤述史（外務省　一九四〇年十二月六日―四一年十月十八日）、
谷正之（外務省・外相兼務　同―四三年四月二十日）、
天羽英二（外務省　同―四四年七月二十二日）、
緒方竹虎（朝日　同―四五年四月七日）、
下村宏（朝日・日本放送協会　同―四五年八月十七日）、
緒方竹虎（朝日　同―四五年九月十三日）、

河相達夫（外務省　同―四五年十二月二十九日）。

次長

久富《ひさとみ》達夫（毎日　一九四〇年十二月六日―四一年十月二十三日）、
奥村喜和男（逓信省・企画院　同―四三年四月二十二日）、
村田五郎（内務省　同―四四年七月二十八日）、
三好重夫（内務省　同―四五年四月十日）、
久富達夫（毎日　同―四五年八月二十二日）、
赤羽穣（内務省　同―四五年十二月二十九日）。

総裁には外務官僚、次長には内務官僚が主に就任しているが、その中で総裁に緒方、下村という二人の朝日副社長、次長には毎日政治部長の久富という新聞出身者の名前を見ることができる。またトップ2ではないが、天羽総裁の時には天羽の推挙で読売社長正力が参与に就任している。さらには終戦間近の一九四五年四月一日現在の「情報局職員名簿」には、対外宣伝を主管する情報局第三部の嘱託として同盟の海外局長長谷川才次や調査室米州部長加藤萬寿男の名前も記載されている。[3]

こうした言論統制機関への新聞出身者の起用は、内部事情や専門事項に精通した知識の活用や、新聞側の統制に対する反発を和らげようという狙いが込められている。第一次大戦にイギリスが設立した情報省では、「デーリー・エクスプレス」紙の社主マックス・エイトケン（ビーバーブルック卿）を大臣に、「デーリー・メール」紙、「デーリー・ミラー」紙の創刊者で「タイムズ」紙の社主アルフレッド・ハームズワース（ノースクリフ卿）を局長に起用するなど多くの新聞出身者を職員として雇用し、彼らをプロパガンダや検閲作業に従事させた。これをモデルとしたものと思われる。

一九四四年七月、朝日副社長の緒方は、小磯國昭内閣の発足を受けて朝日を退社、国務大臣・情報局総裁に就いた。緒方が小磯と小学校時代の幼馴染だったこと、米内光政海相とも親しい仲で、彼らから強い推挙を受けたことが直接の理由だが、さらなる背景としては緒方が当時、社長の村山長挙《ながたか》ら社内の反緒方派と対立し、「副社長」という実権なき職へ追いやられていたことが挙げられる。[4] 緒方と反りの合わない村山長挙社長が緒方に入閣を勧めたというのだが、ここには「朝日新聞から情報局総裁を出して置けば、何彼につけ聯絡上好都合だと思った」[5] ためという理由も補足される。

緒方自身は「僕は組閣の手伝いはするが入閣は困るといって断り、（中略）ところが、翌朝呼ばれて組閣本部に行ってみると、小磯も米内も親任式に参内の準備をして居り、閣僚名簿も出来ている。見ると僕は国務大臣兼情報局総裁になっている。僕が『入閣は困る』というと米内が怒って『社のことなら僕が社へ行って談判して来る』というようなことになり、どうにも仕方なくなって引受けてしまった」[6] と語っている。戦局悪化の状況下、既に言論統制の枠組みは整備されていたとは言え、緒方が統制する側の最高地位に就いたという事実は、国家とメディアの、「上下の絡み合い」を表象するものであった。

これに対し初代次長に就いた久富は、大阪毎日入社、東京日日の政治部長を務めた後、編集総務からの転身である。第二次近衛内閣の内閣書記官長富田健治（内務省出身）が「親交ある久富君を推挙」したという。久富就任の経緯について富田は以下のように記している。

「昭和十五年、新たに情報局を設置して内閣施策を宣伝普及する事となった。近衛首相はその総裁には外交界のベテラン伊藤述史さんを考えていた。近衛公の伊藤氏に対する信頼は強く、伊藤総裁を実現出来ない位ならば情報局設置も中止だとまで考えていた。（しかし）伊藤氏に対しては、親英米派で軟弱外交であるとの批判が強かった。そこで私に相談があったので、（伊藤の総裁就任に反対している）東條英機陸相を私邸に訪ね、『伊藤さんの総裁就任に協力して貰いたい。其の際は久富君を次長として、伊藤さんの足らぬところを補う事にする』という条件を出した。東條さんは直ぐその場で快諾し、近衛公に報告したところ、近衛公は非常な喜びようで、早速毎日の最高幹部高石真五郎氏に私が電話で了解を求め、これも直ちに快諾を得た。そして最後に久富君に電話で経緯を述べて次長就任を求めたところ、『富田君を助ける意味で受諾しよう』と言ってくれ、私もホッとした」[7]。

緒方竹虎

富田は、外務省出身で伊藤の総裁就任に難色を示す東條に対し、説得「条件」として久富の次長就任を持ち出したのである。久富が東條の信が厚い陸相秘書官の赤松貞雄中佐（当時）と幼馴染であり、東條自身も政治記者である久富を見知っていた、という事情があった。[8]

また毎日幹部の高田元三郎によれば、「松岡（洋右）外相が主筆の高石さんと私を呼んでくれた。情報局総裁の伊藤もいた。そこへ近衛首相から高石さんに電話がかかってきて『久富を供出してもらいたい。情報局次長になってもらいたいから頼む』というんです。その時、伊藤はけげんな顔をしている。総裁なんかに何の相談もない。これは皆、陸軍の武藤（章）軍務局長がやったんです。私などは断った方がいいくらいに思ったが、高石さんも、『本人が行くというなら出しましょう』と言った。このように軍と親しい人が（毎日では）多かった」[9]という。富田証言とは部分的な違いがあるが、久富を起用した雰囲気を感ずることは出来る。久富は、新聞統合の論議が本格化する一九四一年十月に次長を解任されたが、その後、日本放送協会の専務理事を務め、放送協会会長から情報局総裁に就任した下村に乞われて一九四五年四月に情報局次長に返り咲いた。そして下村とのコンビで、昭和天皇の終戦放送（玉音放送）を実現させている。

久富自身は情報局次長就任について「樺太旅行から帰ってくると、口がかかっていてね。とっさの話で、考える暇なく飛び込んだ。この時局だ。国家のためなら何ものにも捉われず御奉公したい気持ちは、前々から持っていた。ピッチャーがキャッチャーに代わったようなもの、チームは同じですよ」[10]と語っている。言論統制組織と新聞が「同じチーム」であり、記者から統制組織幹部への転身を「ピッチャーがキャッチャーに代わったようなもの」とする言葉からは、「言論統制の府」の幹部に就任することへの抵抗感は感じられない。

陸軍の黒幕と呼ばれたメディア人

こうした朝日や毎日首脳陣の情報局幹部就任に対し、決して表には出ない人事もあった。これについてはメディア業界の動きを報じる「新聞之新聞」（一九四〇年八月三日付）が、情報局に近いメディア人として二人の名前を挙げている。いうまでもなくその一人は古野伊之助であった。

「帝都の新聞統制に関しては、之が発動の方法及時期に就いては尚未定の状態にある。政府筋の相談役と見られている古野同盟社長、軍部の顧問格と見られている城戸（元亮《もとすけ》）報知新聞常任顧問の動向は注目されている。既に非公式に両氏は夫々、新聞界の行き方その他に関して意見を求められているものの如く、新聞界でも両氏の動向には重大関心を払っている」

城戸元亮

城戸元亮は大阪毎日の幹部で、系列紙・東京日日の編集主幹の時に、同紙が起こした誤報事件で注目された人物でもある。同紙は、一九二六（大正十五）年十二月二十五日に大正天皇が崩御した際、新たな元号に「光文」が選定されたと報じたが、実際は「昭和」であった。「光文」と内定したものの、情報が漏洩したため、土壇場で「昭和」に変更されたという説もある。激しい批判の中で城戸は責任を取り編集主幹を辞任した。崩御に伴う次の元号をめぐる激しいスクープ合戦は、現在も同様である。因みに、「大正」という元号をスクープしたのは、大阪朝日の新人記者であった緒方竹虎で、緒方はその功もあり社内でエリートの道を歩んでいる。

城戸は責任を取って事態の収拾が図られたことが評価され、その後に幹部に復帰し、一九三三（昭和八）年には大阪毎日の会長に就任した。だが就任数ヵ月で、社内派閥の対立から臨時役員会で解任された。城戸を慕う多くの記者が共に退社、東亜新報社長の徳光衣城もその一人で、この毎日の内紛は大きな話題となった。

毎日を退社した城戸はその後、陸軍省情報部の嘱託および同部の外郭団体「大東研究所」所長に就任した。一九四〇年十二月に大東研究所は解散され、陸軍省情報部は陸軍省報道部と改称したが、城戸は引続き陸軍省報道部の嘱託を務めた。この間に陸軍から推されて、報知の最高顧問も務めている。城戸と陸軍の繋がりは以下のようなものだ。

陸軍は一九三八年、新聞班長であった佐藤賢了大佐（当時）が「新聞班を大情報局に改編強化し、その長は次官と同位に置き、陸軍大臣に直属させ、省外からも人材を集める。組織の長に城戸を据える」ことを企図した。城戸を推薦したのは、佐藤の部下の松村秀逸《しゅういつ》中佐（当時）で、城戸と松村は熊本県の同郷で親しい関係にあった。陸軍側が業界の内情を熟知する城戸から情報や助言を得ようとしたことは確かであろう。だが構想は実らず、新聞班を情報部と改称しただけに留まり、「大構想が日の目を見ずに終わり、陸軍は城戸を嘱託として任用した」[11]という。「陸軍を通じての言論統制の諸悪は、すべて城戸元亮に発していると、極論する人がいる。城戸さんには、そう世間に印象させる、黒幕的な影があった」[12]と指摘されている。毎日の会長を解任されたという怨念が、陸軍と結びつく要因となったと思われる。

政経将校という実務家たち

外務省と内務省、さらにはメディア人の名前が幹部ポストに目立つ内閣情報局だったが、実務を担っていたのは、やはり軍部であった。すなわち情報局の特徴の一つは、五部十七課の中で、軍人が主要な部署を担当した点である。

設立当時の人事を見てみると、企画担当の第一部長は伊藤賢三海軍少将（当時）、啓発宣伝の企画担当の同部第一課長は近藤新一海軍中佐（同）、輿論思想の調査担当の同部第三課長は藤田実彦陸軍中佐（同）、報道担当の第二部長は吉積正雄陸軍少将（同）、新聞、通信社担当の同部第一課長は松村秀逸陸軍大佐（同）、出版担当の同部第二課長は大熊譲海軍大佐（同）、文化担当第五部の文芸、美術、音楽担当第三課長は上田俊次海軍中佐（同）である。さらに内閣情報部で設けられた「情報官」のポストも三割を軍人が占めた。これは政府の情報・宣伝政策の実権を掌握しようという軍部の意思の表れと言える。

中でも「第二部」は、言論統制を主導する重要な部署であり、その組織は第一課「新聞と通信社」、第二課「出版」、第三課「放送」の三つの課で構成された。情報局の内部文書「情報局ノ組織ト機能」には「第二部」の担当目的として「報道は正しい輿論を構成する根幹である。従って政府の行う発表は勿論、その他一般報道も国家的総合的見地に基づき、常に一定の目途の下に一貫した方針に従って企画統制されなければならない[13]」と明記されている。また同文書は新聞の統制の基本方針として、「新聞は国家社会の公器として、政府と国民との結合の媒体として国運の進展に寄与すべき国家的使命と公共的責務とを荷うものであることに鑑みれば、本来の営利企業形態を離れて、速かに時局の要請に応うる新体制が確立されなければならぬ」と営利意識の排除を掲げている。

新聞に対する統制の中心を担った第二部長の吉積と第一課長の松村は「政経将校」と呼ばれた軍人である。政経将校は「満州事変期に擡頭する中堅エリート将校層の象徴的存在に他ならないという。つまり、彼らは総力戦準備を基底にした軍部自体の業務の拡大が必然的に生み出した『単なる軍事専門家の枠をこえた行政的能力を有する軍部官僚』である」[14]。「本来軍事行動計画立案の専門家である幕僚将校の中で、政治、経済政策に関与した将校を『陸軍政経将校』と呼称し、官僚の『革新派』と同じ意味で、陸軍の『革新派』という捉え方を採用することも可能」[15]とも評されている。

吉積は近衛師団参謀、参謀本部員などを経て、一九二九(昭和四)年から一九三二年まで東京帝大法学部政治学科へ派遣された。順調なエリート・コースを進み、参謀本部付きから一九四〇年十二月に情報局の発足を受けて第二部長に配属された。その後、一九四二年四月には陸軍省整備局長に転じ、一九四五年三月には陸軍最後の軍務局長へ就いた。情報局を離れた後、陸軍の要職を歴任したことは、情報局で手掛けた統制が評価されたことを証している。

一方の松村は関東軍情報担当参謀、陸軍省情報部長を経て、一九四〇年十二月に情報局第二部第一課長、一九四二年四月には吉積の転出に伴い、その後任の第二部長(心得)を務め、一九四三年十月に大本営陸軍報道部長、一九四五年五月に情報局に返り咲いて第一部長を務めた。一貫して情報報道を担当し、陸軍内では「報道の専門家」として名を馳せ、情報局でも陸軍の代表として権勢を揮った。

松村は第二部長（心得）であった一九四三年春、情報局総裁に当時の同盟編集局長である松本重治を、情報局総裁と同盟編集局長を兼任する形で据えることを模索している。[16] 外務省出身の谷正之が情報局総裁を退任する時期であり、松村は谷の後任に引き続き外務省出身者が就くことを快く思わず、松本を据えようとしたのである。だが松本は「これは、内閣情報局と同盟を合体させようというものだ」と拒否し、古野も「これは無理だね」と松本の意を汲み、実現しなかったという。不発に終わったが、情報局幹部の軍人が同盟を、彼らに近い存在と認識していたことを示している。

革新官僚が描いた「公益」

奥村喜和男

第二部の吉積、松村と共に、新聞に対する統制に熱意を示したのが、情報局次長（一九四一年十月二十三日―四三年四月二十二日）を務めた奥村喜和男である。奥村は一九四二（昭和十七）年九月から辞任するまでの八ヵ月間は、総裁の谷が外相を兼務したため、谷に代わり最高幹部として情報局を差配した。

奥村については既に触れたが、「革新官僚」と呼ばれた一群の官僚の一人である。革新官僚は「国防国家体制の建設は軍部を中心に高唱されたが、そうした軍事理念が次第に政治を排除してゆく過程で、軍の有力な支持者となり、戦争計画のために必要な情報や技術の提供者となったテクノクラートの一群」と定義され、その思想的特徴として「一九三〇年代における世界史的な危機状況の認識に立って、自由主義と個人主義の行き詰まりの意識から、新しい世界観に基づく国家改造を目指した」[17]ことが挙げられる。とくに奥村は「革新官僚の思想と心情を明晰に語った人物の一人」[18]とされる。

「革新官僚の旗手」と称された奥村は、逓信省の官僚であり、同省が監督していた電力事業の国家統制を構想し、一躍その存在が注目された。構想が立案された一九三七年には、電力の発送電は東京電燈、日本電力、大同電力、東邦電力、宇治川電気の五社が「五大電力」として存在し、激しい競争を展開していた。

奥村の構想は、発送電会社を一つの会社に統合し、その経営管理を国家が行うというものだ。具体的には、既存の発送電会社に対し、所有する設備を強制的に出資させ、一つの統合した株式会社を設立し、出資の評価額に応じた株式を、既存の会社に交付する。このため新会社は、既存の会社が所有するものの、経営は国家が行うという「民有国営」「資本と経営の分離」の考え方である。奥村の構想を基礎とした「電力管理法」は、第一次近衛内閣で、一九三八年、国家総動員法と共に国会に提出、可決された。こうして一つの統合した「日本発送電株式会社（日発）」が誕生し、電力事業は国家の管理下に置かれた。

奥村は電力管理法について「営利を第一義とし、公益を第二義とするような経営形態は、電力事業に限らず、これから以後、国家の重要産業には不適当である。公益を第一義とし、国家・社会の許容する程度に於いて利益を収むることが今後の経済活動の指導方針であらねばならぬ[19]」と強調している。国家が重要な民間企業を統制、管理し、営利性を排除して公益を最優先させるという奥村の考えは、言論統制でも十分に発揮された。

同盟への補助金

ところで情報局の重要な活動の一つに、同盟への補助金の交付が挙げられる。同盟への補助金の交付を目的として官制の内閣情報委員会が設立され、それが内閣情報部、内閣情報局と拡大していく経緯は既に記した通りである。同盟は「国策通信社」という呼称が示すように、国策の代行組織として重きをなした。内閣情報局とは不即不離の関係を持したが、それは補助金の供与と受領という関係で結ばれていたためだ。同盟への補助金は、正式には「助成金」と呼称された。

助成金は国家予算からの純然とした拠出であるため、前に指摘したように内閣官房予算の「外交通信特別施設費」という名称で、文書による手続きが踏まれた。手続きの一連の流れは以下のようなものである。

①　同盟が、予算書、年度収支見積書、事業計画概要書を添付した「助成金下附申請書」を提出

↓

②　政府組織（内閣情報委員会、内閣情報部、内閣情報局）が助成金交付を審査

同盟が受領した補助金

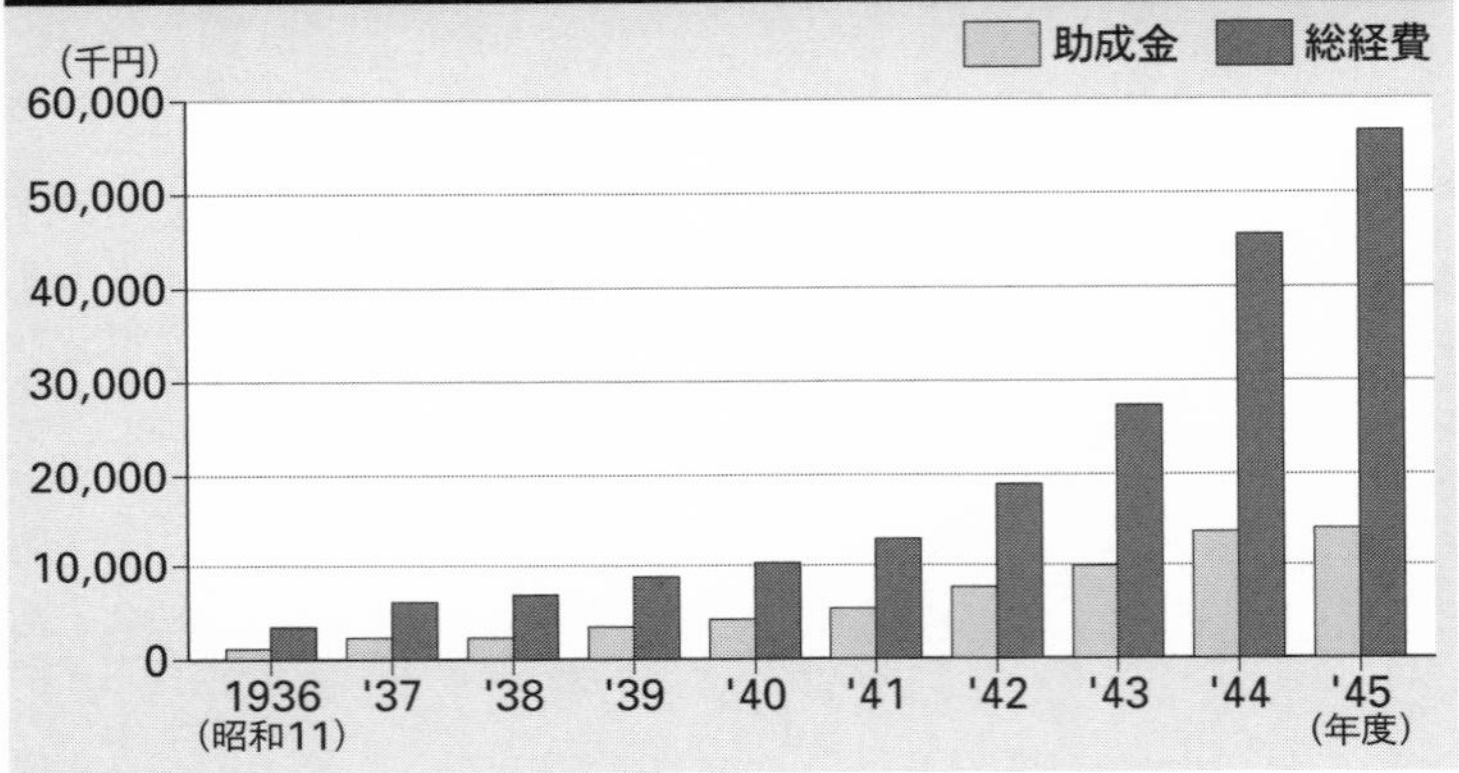

(出典)「政府示達事項及助成金費途概要」『同盟通信社関係資料』より著者作成

↓
③　同組織が助成金を供与し、その際に「示達書」を提示
↓
④　同盟は「御請書」を提出して、助成金を受領

「示達書」とは、政府が助成金の交付に際し、同盟に対してその年度の目標や事業を具体的に示した指示書である。官庁用語では上級官庁からの下部組織に対する命令書を意味しており、同盟側が挙げた事業計画の主要項目の幾つかを「努ムベシ」「期スベキコト」「尽力スベキコト」として、その指示を明記している。これに対し「御請書」は、同盟が示達に従い、命令に服すことを誓った「誓約書」であり、申請が承認されたことへの御礼の言葉を記している。示達された項目の実施に邁進し、政府の「御負託ニ副ウベク努力致ス」ことを誓約するという形が採られている。

第八章　自主統制の対価

近衛首相は「高度国防国家体制」を確立することを目的に「新体制運動」を主導した。

政治の世界では政党が解散し「大政翼賛会」が発足、経済界でも主要産業部門別に「統制会」が結成された。

メディア業界もまた当然のようにこれに従い、一九四一（昭和十六）年五月、自主的な統制団体として「日本新聞連盟」を結成した。だが、その名称からは〝統制〟の二文字が巧妙に削り取られていた。

吉積の書類綴

内閣情報局第二部長吉積正雄少将（当時）が所持していた「新聞統合ニ関スル書類綴」には次に示す五つの文書が綴られていた。[1]

「積極的新聞政策私案」（作成・一九三六年四月）

「秘　新聞指導方策に就て」（作成・一九四〇年二月十五日）

「極秘　言論の重要性と各種宣伝機関の現状」（作成・同年六月二十六日）

「極秘　新聞統制具体案」（作成・同年八月二十二日）

「部外秘　新聞統制私案断片」（作成・同年十二月五日）

五つのうち、四つは一九四〇（昭和十五）年に集中して作成されている。これは、同時期に情報局の前身組織である内閣情報部や陸軍が言論統制を本格的に進めようとしたことを示している。

この吉積所持の書類綴は、戦後財団法人「新聞通信調査会」の倉庫に保管されていた。同調査会は戦後に同盟が解体した後、古野が旧同盟の関係者を会員として設立した公益法人である。情報局の機密文書が新聞通信調査会に所蔵されていたことは、機密文書が古野の手元にあったことを証しており、古野と情報局の緊密な関係を裏付けるものであるが、それぞれの文書を読み解いていくと、巧妙に仕組まれた統制の手法やその真意が明確に浮かび上がってくる。

「秘　新聞指導方策に就て」は、作成者の名前は記載されていない文書だが、その文書名が示す通り、新聞の弱点を衝いた統制の具体的手法が示されている。

まずは「新聞の本質は売ることを第一義とする商品である。営業部門の発言は紙面の方向を決定する程の威力を有している。従って新聞対策の『鍵』は、新聞の『営業』を押えることであらねばならぬ」と、新聞の営業部門を「押える」ことに統制の照準を据えた点が特徴である。

そして、さらなる「新聞の『企業』を掣肘する方法」として新聞用紙、広告の二つの統制を挙げている。新聞用紙については、「用紙を（所管する）商工省は、単なる物資関係の『事務』として処理している。しかし、これを内閣に引き取り政府の言論対策を重心とする『政務』として処理するならば、換言すれば、政府が之によって新聞に相当の睨みを利かすこととなれば、新聞指導上の効果は相当の実績を期待し得ると信ずる」という構想が示され、広告についても「同盟創設の目的を茲《ここ》に再現せしめて、同盟と電通との一体的運営を実現して（電通の株式の半数は同盟の所有に属している）、各新聞に対する広告の広告料金（一行分の単価評定等）、其の他につき同盟の発言力（同盟を通じて行う政府の支配力）を獲得せしめ得れば、政府の新聞に対する睨みは更に強化される」という。言論に対する直接の統制ではなく、企業としての新聞社に焦点を合わせた営業面からの締め付け方法と言っていいだろう。

「極秘　新聞統制具体案」には、「尾之上試案」という副題が付されてあり、内閣情報部第二課新聞通信関係主任の尾之上弘信が作成したと思われる。尾之上は奥村喜和男の

吉積正雄

企画院時代の部下である。内閣情報部では、新聞、通信社の統制を担当する第二部第一課の情報官で、内閣情報局第二部でも情報官を務めている。

文書は、統制手段として「新聞側ノ自治的（新聞社相互ノ利害関係ヲ噛合サシム）統制ヲ行ワシムル等ノ手段ニ訴ウ」と国家側が前面に出るのではなく、全国紙と地方紙の対立を利用し、新聞自身に統制させるという新聞業界の実情を踏まえた構想を提案している。これもまた業界の構造を巧みに利用した統制であろう。

そして「極秘　言論の重要性と各種宣伝機関の現状」と「部外秘　新聞統制私案断片」の二つは、陸軍省情報部嘱託、大熊武雄が作成した。大熊は毎日の記者出身で、城戸事件で同紙を退社し、城戸元亮と行動を共にした人物である。

「極秘　言論の重要性と各種宣伝機関の現状」は、「新聞の弘報宣伝上に於ける地位は、宣伝上最も重要な役割を持つ」など新聞の影響の威力を強調し、「今こそ新聞を全面的に統制利用すべき絶好の機会である」と積極的な活用を説いている。

また「部外秘　新聞統制私案断片」については、「情報局の業務開始に当り、松村大佐の命に依り」と、松村の指示であると記載し、「新聞の統制に当っては、その販売機構の改革をも同時に実行しなければ統制の目的を達することは、不可能である」と、新聞の専売販売店を廃止し、共同販売とするなど販売機構の統制を挙げている。

これらの五つの文書に示された構想は、新聞自身に統制させるという統制の手段や販売機構の統制など、多くが実際に立案、実施されており、統制を主導した情報局の軍部官僚、吉積、松村の統制における指針となったと考えられる。以下、その実態を概観していこう。

全国紙に挑んだ名古屋の「国策順応」

日中戦争が勃発して以降、新聞業界では全国紙と地方紙の販売競争が激しさを増していた。これは全国三紙が大量の「従軍記者」の派遣や飛行機など機動力をフル稼働し、きめ細かな戦地報道を武器に、競い合って地方への販売攻勢を強めたからである。

この中でとくに注目されるのは、読売の動きである。読売は一九三七（昭和十二）年、東京において東京朝日、東京日日（毎日）の両紙を抜いて、第一紙へと躍り出た。そして「余力を蓄えること一年有半、昭和十四年、多年の宿願であった大阪進出の機会を捕らえんとし、また従来盲点となっていた西日本への進出を企図した」[2]という。

読売の地方新聞経営に対する方式は、朝日、毎日とは異なっている。朝日、毎日は、そのまま地方紙を薙ぎ倒していく方式であったが、読売は地方紙を買収後に経営の実権を掌握するものの、地方紙の「題字」（新聞名）をそのまま使用した。これは「アメリカのハースト系新聞をモデルにした方式で、地方人士は地元紙に非常な親しみを持っていることに着眼した」[3]もので、地方読者の全国紙に対する抵抗感を和らげつつ、部数拡大を図るという狙いによる。そればかりでなく、別会社にすれば、その会社の分の新聞用紙の配給が受けられるというメリットも存在した。

読売は、「大阪時事新報」（一九四〇年春、大阪府）、「九州日報」（一九四〇年八月、福岡県）、「山陰新聞」（一九四〇年八月、島根県）、「長崎日日新聞」（一九四一年一月、長崎県）、「静岡新報」（一九

四一年四月、静岡県）、「樺太新聞」（一九四二年二月、樺太）、「小樽新聞」（一九四二年三月、北海道）を次々と配下に収めた。「大阪時事新報」は株式の約七割を買収し、「九州日報」「山陰新聞」「長崎日日新聞」「静岡新報」は完全に買収した。また読売社長正力松太郎が九州日報、山陰新聞、静岡新報三紙の会長に、長崎日日では相談役に就任し、それぞれの経営に関与した。樺太では新聞統合の流れの中で樺太の既存四紙（「樺太日日」「樺太時事」「樺太毎日」「樺太旭」）が、一九四二年二月に合併し、新たに「樺太新聞」を創刊したが、その際に読売は同社に出資し、正力が会長に就任し、読売から人員を派遣し直営した。また「小樽新聞」については、資本金の半額を出資するという「連繫関係」を結んだ。

すなわち、一九四〇年の新聞業界は、「全国紙が、地方紙を盛んに買収した。とくに正力さんの馬力は強く、全国全てを支配下に置こうと意図し、これに刺激されて対抗上、朝日、毎日も買収や、裏から紐を付けるとかする。このままでは、全国の地方紙は全て、全国三紙の軍門に下る恐れがあるという状況に置かれた」[4]という。

地方紙は日中戦争下、全国紙の進出に加えて、政党が解消して大政翼賛会が発足するという事態にも危機感を募らせた。先に指摘したように、明治期以来、地方紙は政党とは記事の上でも、購読者との関係でも「不即不離の関係」にあり、それが道府県市町村に至るまで複数紙が存在する要因となっていたが、支えの政党が解消したことは、購読者の基盤が崩壊することを意味していた。

こうした状況の中で、名古屋新聞社社長の森一兵が地方紙の指導者として登場した。名古屋新聞は、大阪朝日の名古屋支局長であった小山松寿《しょうじゅ》が、中京新報を譲り受けて同紙を改題して一九〇六（明治三十九）年に憲政本党（後の民政党）系紙として創刊した新聞である。ライヴァル紙である政友会系紙の新愛知（一八八八年創刊、大島宇吉社長）と競い合い、有力地方紙に成長した。一九二四（大正十三）年、朝日、毎日が名古屋で乱売攻勢に出た際には、新愛知と地元紙提携で応戦し、朝日、毎日側が引き下がった。名古屋の小山も衆院議員（民政党）として一九三七（昭和十二）年七月から一九四一年十二月までは衆院議長を務め、新愛知は一九三三年に東京紙の国民新聞を実業家の根津嘉一郎から買い受けて傘下に置くなど、名古屋、新愛知の中京二紙は、有力地方紙として存在感を示していた。

森は小山の義弟（小山の夫人の弟）で、政治活動に励む小山に代わり、新聞の経営を担い、一九三六年から社長を務めた。森は「陣羽織とだんぶくろの変型のような『新日本服』を自ら考案、一着に及んで一席弁じ立てるあたり、多少奇嬌とも見られる節があり、風変わりな奇人観、頑迷な男のように考える向きもある」[5]と指摘される人物であった。森の全国紙への対抗心は「朝日が招待した席上で『打倒朝日』を絶叫するなど、朝日、毎日両紙を、新聞界を壟断せんとするものと憤激し、両紙打倒の鋒火を挙ぐべきチャンスを狙っていた」[6]と、並々ならないものがあった。

森は日中戦争の開始を受けて「革新新聞道」と題した経営方針を発表した。それは「時局の重大性を認識して、革新日本の展開に尽力する信念に立ち、皇国日本の尊貴なる原理に遵《したが》い、国民的全組織と新構造との体系を全体主義的に確立し、これを闡明《せんめい》するに努めたい」[7]というものだ。

森は「自由主義排除」「国策順応」の紙面作りを指示し、社員にも「従来の観念、記者的概念を根こそぎ放棄、清算する」[8]ことを求めた。森の片腕であった専務の大宮伍三郎も、「(日中戦争)勃発以来、逸早く名古屋新聞は自由主義に宣戦を布告、勇敢に闘ってきた。然るに未だ自由主義の迷夢から醒めぬ新聞がある。かかる時、名古屋新聞の読者を一名でも増やすことは、それだけ日本人を自由主義の桎梏から解放、以て国策の線に沿って国論を統一さす所以だ」[9]と社員に訓示している。

大宮は一九四〇年九月、「新聞販売の新体制」と題した論文を書き、「新聞各社は販売競争に浮身をやつしている時ではない。共同配達・共同集金・共同輸送こそ聖戦目的に沿った新体制である。各社個々に属する販売網を完全分離して統合を図り、一元的共販機構に再編成すべきである。わが皇国の新聞が、いつまでも自由主義的な販売機構に甘んずべきではなかろう」などと、「時局に即応した新聞」を名分に、全国紙の地方進出を統制、抑制すべきであると強調した。この大宮論文は業界にセンセーションを巻き起こし、全国紙側では「某社の主張は、全国紙の進出を阻止し、自らを有利にせんがための企業策謀である」[10]など神経を尖らせた。

一九三七年十一月に開かれた政府関係者と有力地方新聞十九社代表による「時局懇談会」では、森が地方紙を代表して「国民的信念に基づいて『新聞参戦』の実を挙げたい」[11]などと、国策へ積極的に協力する姿勢を強調している。森は新聞統合に対しても、「全国紙の地方への進出を阻止し、放任された資本主義的自由主義的経営を革新するもの」[12]と受け止め、地方紙を挙げて進んで呼応しよう、という意気込みを示した。一九四一年春には有力地方紙代表による会合を主催し、自主的に統制を進める地方紙の団体を結成することを決議した。[13]

森と大宮の名古屋新聞コンビは進んで、政府、軍部との接近に努めた。それは国策に積極呼応して国家との結びつきを強め、権力によって全国紙の地方進出を抑制し、生き残りを図ろうという思惑に基づいたものだ。そうした思惑は地方紙全体に共通したものであり、森を先頭に地方紙は結束を強めた。

連盟が望んだ「好ましい統制」

第一次政権で国家総動員法を制定した近衛内閣は、第二次政権発足から五ヵ月後の一九四〇(昭和十五)年十二月、「経済新体制確立要綱」を閣議決定した。要綱は「官民協力の下に重要産業を中心として総合的計画経済を遂行し以て時局の緊急に対処し国防国家体制の完成に資し」、「公益優先、職分奉公の趣旨に従って国民経済を指導すると共に経済団体の編成に依り国民経済をして有機的一体として国家総力を発揮し高度国防の国家目的を達成せしむる」ことを基本方針に掲げている。これに基づいて、一九四一年八月には「重要産業団体令」を公布し、業界が自ら統制することを求め、「鉄鋼統制会」「石炭統制会」など産業別に二十二もの統制会が設立された。統制会は業界における企業間の競争を抑制し、製品の価格や販路の設定などを定めた。

このように「新体制」の確立が叫ばれ、実施される中、新聞というメディア業界も例外ではなかった。一九四〇年十二月に発足した内閣情報局は直ちに、新聞に対する統制に着手する考えを表明し、他の業界と同様に、新聞業界にも統制会を結成させるという手段を用いることを企図した。吉積文書のひとつ「極秘　新聞統制具体案」に記された「新聞協会ヲ改組シ(又ハ新協会ヲ創設シテ）新聞側ノ自治的（新聞社相互ノ利害関係ヲ嚙合サシム）統制ヲ行ワシムル等ノ手段ニ訴ウ」は、これを指している。

情報局は、同盟社長の古野に、統制会結成へ向けて業界内をまとめるよう求めた。古野を斡旋役としたのは、同盟が補助金を供与する情報局の影響下にあること、同盟の組織が新聞各紙で構成されていること、古野がメディア業界の指導的立場にあり、満州での統制の実績を有していたことによる。

古野はこれに応じて動いたが、情報局の意図とは違う構想を描いていた。古野は、朝日の緒方竹虎、毎日の高石真五郎、読売の正力松太郎の全国紙幹部に「早晩、政府が強制的に統制を講じるのは必至で、不利な統制を呑まされるよりも先手を打ち、業界自身が統制会を設立し、自らの手で好ましい統制をした方が良い」と、自主的な統制会の結成を呼び掛けたのである。[14] これに対し正力は「バラバラの方が、政府も扱いにくいから有利だ。新団体は不要だろう」と消極的であったが、結局は古野が言う「自らの手で好ましい統制をした方が良い」という判断に同意した。

そんな中、地方紙も、名古屋社長の森の提唱で統制団体設立の動きを示しており、自主的に統制を行うという同一趣旨の新聞の団体が、全国紙と地方紙の二つに分かれて存在してしまうという状況が現出した。

だが『新聞総覧』（一九四二年版）に、「全国紙と地方紙は、自由競争の心理の惰性が相当熾烈であった。これを逸早く察知し、且つ憂慮したのは同盟の古野氏で、両者（全国紙と地方紙）の斡旋につとめること頗る熱心で、他面政府要路、特に情報局と連絡して、大同団結を極力図った」と記されているように、古野の斡旋により、全国紙と地方紙の対立は解消され、一九四一年五月二十八日、自主的な統制団体「日本新聞連盟」が設立された。

情報局の伊藤述史総裁は、設立に先立つ四月の閣議で、次のような発言をしている。

「昨夏来、新聞連盟設立に就て、気運駘蕩しありし所、四月五日主要日刊新聞社の代表者会合し、委員を上げ設立準備に着手することとなれり。右連盟は朝野対立の弊を避け、官民一体の組織とし報道、営業両面における刷新を図り、所謂新聞新体制の確立を期せんとするものにして、従来の新聞協会が主として広告関係者よりなる社交的機関たりしと、趣を異にするものなり。新聞協会を改組し、一時を糊塗せんとするやの風説を聞くも、右は本連盟設立の趣旨に鑑み、最も戒むべき所とす[15]」

いうなれば新聞連盟の設立を後押しする言説であるが、その中で「社交的機関」、「（連盟とは）趣を異にするもの」として指摘された「新聞協会」とは、電通の光永星郎が一九一三（大正二）年に設立した組織である。総裁に東久邇宮を担ぎ、光永自身が理事長を務めていたが、その会員は全国の日刊新聞社、通信社、新聞広告代理店など七九〇を数えた。古野が連盟発足に動いたと同じ時期に、光永が「新聞協会を中心とした団体を作り、自身も参加したい」と動いていたのである。

古野と光永は同盟設立をめぐり鋭く対立したことは既に述べたとおりだが、光永のこうした動きを古野は「業界への復帰の野望」と見て敏感に反応し、光永を排除するため伊藤に発言を依頼したのである。「新聞新体制」を進める業界内の主導権をめぐる小競り合いとも言えるが、かつての聯合と電通の因縁の争いを踏まえると興味深い。

北海タイムス常務として連盟に関わり、古野と懇意であった東季彦は「日本新聞連盟」という名称について、「本当は『日本新聞協会』という名称の方が良かったが、（こうした経緯から）それは使えない。だから『日本新聞連盟』という名をつけるしかなかった[16]」のだという。

植付けられた「統制の種」

連盟の会員は、設立直後の一九四一（昭和十六）年六月には全国紙と有力地方紙の計三十一社であったが、古野の働き掛けで、同年十二月には同盟の加盟社とほぼ同数の百十二社を数えた。つまり全国の有力紙の殆どが会員として参加した。

連盟は、定款に団体の目的として「新聞事業の自治的統制団体として斯業の進歩発達を図り、以てその国家的使命を達成する」ことを掲げた。「自治的統制団体」とは、法令に基づいた団体ではなく、あくまで自主的に統制を立案、実施する団体という意味が込められている。

連盟が取り組む「事業」として、①言論報道の統制に関し、政府に対する協力　②新聞の編集並に経営改善に関する調査　③新聞用紙其の他資材の割当調整――の三つを挙げている。「協力」「調査」「調整」としたのは、連盟が会員である新聞に対して強制権を発動する「執行機関」ではなく、あくまで衆議に依る「協定・協議機関」であるという名分に基づいていた。

また最高決議機関として「理事会」を置き、その下に「編集委員会」「業務委員会」の二つの委員会を、さらに「編集委員会」の下には「政経」「文化」「整理」「外報」「写真」の五部会、

「業務委員会」の下には「販売」「広告」「資材」「工務」の四部会を、それぞれ設けた。

理事会を構成する理事は十七人で、その内訳は、「同盟」古野伊之助、「朝日」緒方竹虎、「毎日」高石真五郎、「読売」正力松太郎、「報知」三木武吉、「中外商業新報」田中都吉、「都新聞」福田英助、「北海タイムス」東季彦、「河北新報」一力次郎、「新愛知」大島一郎、「名古屋新聞」森一兵、「合同新聞」杉山栄、「中国新聞」山本実一、「福岡日日新聞」永江真郷《まさと》と社長級の十四人、これに内閣情報局次長、第二部長（代理として同部第一課長の出席を認める）、内務省警保局長の政府関係三人を「参与理事」として加えた。これは情報局の「この組織が、万一にも政府と対立するようなことがあっては、天下の大事を招く。これを防止し、官民一体となって正しき運営を行うには、政府自ら参与して協力を期するに如くはない」という意向を受けたものだ。だが実際は「政府が御目付け役を常置したもので、そこに官権による統制の種子が植付けられた[17]」ことは明らかであった。

委員会、部会のメンバーも、理事を務める十四社に限定された。「（他の会員社から）特に不平不満は無かったようだ。全国の大新聞十四社が集っても、時勢は最早十四社だけの利益壟断を許す訳もなかったし、また頻繁な会議に幹部総出という手弁当の名誉職は、十四社以外には勤まる新聞が殆どなかったからである[18]」という。

理事会の座長である理事長には、中外商業新報社長の田中を互選した。田中は外務省次官、駐ソ連大使を務めた外務官僚で、同盟設立に際しては、外務省側から聯合に与《くみ》して尽力するなど、古野の人脈に位置する人物である。事務局長には同盟から出向した岡村二一が、専従の形で就いた。岡村は古野の「片腕」という存在で、同盟で社会部長、編集局次長を務め、戦後は東京タイムズ紙を創刊している。中枢部署には古野に近い田中、岡村が座ったが、それは古野が連盟の実権を掌握し、審議をリードすることを意図したものであった。

古野の役割と思惑

古野の国家に対する意識は、同盟が公益法人の「国策通信社」であったこともあり、国家との間に「距離感」はなかった。第二次近衛内閣の下で、政治、経済、社会の全てを東亜新秩序建設という国家目的に再編する「新体制運動」の機運が高まる中、新聞も連盟を結成し、統制や再編を立案、実施しようとした。

連盟は、「新聞新体制」の確立をスローガンに掲げたが、その理念は「新聞を国家国民の公器として本来あるべき姿に立ち返らす」というものである。岡村によると、「新聞の本質的矛盾は、公益性を有する国家国民の公器なるにも拘わらず、その経営形態が資本中心の営利企業である点にある。営利第一主義を封じ、資本中心から国家中心へ、売れる新聞から良き新聞、役立つ新聞へと集中発揚せしめる」ということである。[19] つまり新聞を「利益を目的とした事業ではなく、国家の意に沿う公的事業へ再編する」ことを統制の目的に据えた。これは政府の積極的統制の思惑に合致したもので、古野の統制に対する基本的考えもそうしたものであった。

統制を立案した連盟だが、実際のところは全国紙と地方紙の利害が対立する「同床異夢」の状態にあるだけに、審議は簡単には運ばなかった。『新聞総覧』（一九四二年版）は「大新聞間には各々の我執があり、地方紙は地方紙で相互競争あり、大新聞は地方紙を狙って虎視眈々たるものがあれば、地方紙も大新聞を目するに不倶戴天と観念し、大新聞打倒のために連繫しようと、自由競争の心理の惰性が相当熾烈であった」と指摘している。何より、連盟の位置付けが、全国紙は「国家による強制的統制を軽減・防御するための場」、地方紙は「全国紙の販売攻勢を抑制するための場」と、基本的に食い違っていた。さらに、情報局の「新聞社相互ノ利害関係ヲ嚙合サシム」る統制という思惑も存在した。このように、全国紙と地方紙の意見を調整し、情報局の意向を踏まえて、自主的な統制の立案、実施を主導するという役割が、古野に求められたのである。

　岡村によると、古野の思惑は次のようなものであった。

「出向するのを嫌がる私に古野さんは『全国紙の資本主義的地方進出は、現地印刷あるいは経営難の地方紙買収など留まるところがない。資本力が脆弱な地方紙は次々に駆逐され、このままでは、日本の新聞は全国三紙のものとなる。それは、日本の世論形成のためによくない。また同盟は地方紙の購読料に多くを依拠しており、地方紙の壊滅は同盟の壊滅と同義語で、このままでは（同盟は）全国紙あるいは政府の御用通信社となってしまう。どうせ、やらなければならぬ統制ならば、兵隊や役人の思うままではなく、新聞自身で行うべきだ。しかし、新聞は自社の利益が先に立ち、出来はしない。そこで新聞の協同組合組織である同盟以外には出来ない』と説得された。つまり、同盟の自主性を維持するため、地方紙を守らなくてはならぬ。これが古野さんの（統制についての）根本思想だ[20]」。

　この証言からは、古野が「中立」ではなく、「地方紙の側に立つ」という意図を持っていたことが窺える。この地方紙重視の姿勢は、地方紙に対する親近感に加えて、自身が社長を務める同盟の基盤強化に繋がるという思惑が働いたことを示している。

理事会の議決権を一社一票としたが、これは古野の発案によるものだ。[21] 発行部数が数百万部の全国紙と数十万部の地方紙を同じ一票とする措置は「全国紙と地方紙の感情的対立を緩和する」ことを名分にしていたが、十四の理事社のうち全国紙は僅か三票しかなく、「対立した場合には多数決で押し切ろう」という、古野の意図を含んだものと見ることが出来る。こうした古野の姿勢に全国紙は不信感を抱き、反感を募らせた。

第九章　新聞新体制の副産物

自主的な統制団体「日本新聞連盟」は、「新聞新体制」の確立をスローガンに掲げて、自らを統制する案の審議を開始した。

しかし実売部数の公表、記者倶楽部制度、新聞販売店の競争などを前に、全国紙、地方紙が入り乱れていがみ合い、諍いが噴出した。

自主統制——それは決して容易なことではなかった。

明かされた新聞の実売数

内閣情報局は新聞連盟が発足した三日後の一九四一（昭和十六）年五月三十一日、連盟に対し改めて「昭和十六年度下期の用紙割当基準」を諮問した。すなわち各社どれくらいの紙が必要か問うたのである。

すでに新聞用紙については、一九三八年六月の「物資動員計画」の中で配給制となっていた。配給の権限は当初は商工省が担当したが、一九四〇年五月にそれは内閣へと移され、内閣書記官長を委員長に、内閣情報部長を幹事長とする「新聞雑誌用紙統制委員会」のもとで管理され、これは情報局へ引き継がれた。

用紙供給を単なる物資統制でなく、言論統制と関連させて利用するという構想は、吉積が綴った統制構想「新聞指導方策に就て」にも記されているが、そもそもの発想は、満州から帰国し、商工省次官となっていた岸信介が「満州では用紙供給を、言論統制の有効な手段として活用している」と強調したことによるという[1]。満州の実験が持ち込まれた例の一つと言える。

こうしたことから情報局は連盟に対し諮問したものの、各社の配分についてはあくまでも連盟の判断に委ねた。これは地方紙に「全国紙への配分量が多い」という不満があることを承知した上で行われたもので、そこには全国紙と地方紙の対立を煽ろうという狙いが込められていた。だが、実際に起こったのは全国紙と地方紙との対立ではない、まったく違う諍いであった。

情報局の諮問を受け、連盟の理事会は早速、審議を開始したが、焦点となったのは、基準となる「昭和十五年七月から昭和十六年六月に至る一ヶ年間の有代発行部数」であった。「有代発行部数」とは、実際に購読料を取っている発行部数のことで、それは新聞にとって「経営の実態」を示す数値で、「秘中の秘」であった。実数を公表すれば「水増し公称」で単価を設定している広告料金に大きな影響を与えるばかりでなく、取引銀行との関係にも支障が出る。このため、内務省警保局図書課が調査しても、大雑把な数値しか把握できなかった、という経緯があった。

理事会では、全国紙、地方紙の区別なく押し黙ったままの中、唯一、読売の正力だけが、「有代発行部数を誤魔化すのは広告主に対する一種の詐欺行為である。自ら進んで公開すべきものだ」と主張した。これに応じて情報局第二部第一課長の松村秀逸大佐（当時）も「調査できることなら、絶対やらなければいかん」と強調した。正力と松村の強い意向に押されて、理事会は公表することを決め、公表の方法を正力に一任した。正力が公表を主張した理由は、「読売は、東京の有代発行部数が最多である」という自信と、それが実数で裏付けられれば、読売の存在は確固たるものになるという思惑が働いたためである。

正力松太郎

正力は、自社の営業局次長務臺光雄に部数調査の私案作成を指示した[2]。私案は「公表対象を連盟の理事、監事十四社に限定し、十四社は連盟が定めた様式に基づいた報告書を提出し、報告書が正しいか否かを、提出以外の他社の理事社の代表で構成する調査員が、販売店を抜き打ち的に現地調査する。万一、報告数字に虚偽があった場合は、罰則として配給用紙を削減する」というものであった。だが実際の調査は東京だけで、地方紙は報告書の提出のみに留めた。これは地方紙の難色を受け、古野が正力に了解を取り付けたためである。

東京での調査は、抜き打ち的に販売店を訪れ調査する形が採られ、当該紙の本社担当員が一人介添えし、他紙の販売関係者七人が調査に当り、これに情報局と特高警察が立会い、売り上げ数、集金額、納金額、従業員数などを中心に調べた。『新聞総覧』（一九四二年版）には、「現地調査の結果は、殆ど虚偽の報告のなかったことを、確め得た。即ち過去数十年間の販売拡張戦は、虚偽と策略と騙し合いを常套として来たのであるが、今や新聞連盟の下に一致結束した今日、各社間各々信義を守り得る事が立証されたのである。そして制裁取り決めは無用の長物と化した」と、その評価が記されている。だが、実際には各紙間の対立が表面化しなかっただけで、現場では暴力沙汰まで生じた。東京・湯島の東京日日販売店の調査では、殺気立った販売店員が調査員を取り囲み、暴力を加えんとした[3]という事件が起きている。調査の結果、東京における発行部数は、読売一五六万部、東京日日（毎日）一四二万部、朝日一二八万部と、正力の思惑通り、読売の躍進が証明され、公表の問題は決着した。連盟が、各紙の有代発行部数を基に、各紙がストックしている用紙数量を加味して用紙配給の基準数値を決め、それを政府の「新聞雑誌用紙統制委員会」が審査して決定する方式で合意した。用紙配給は以降、継続して、この方式が用いられた。

販売競争の終焉

情報局は、用紙の配給に続いて、今度は共販制の実施を諮問した。これは情報局第二部第一課長の松村が強く迫ったものだ。吉積文書の中では、松村が配下の大熊武雄に命じて立案させた「部外秘　新聞統制私案断片」の中で示されている。松村はその構想の実現を意図したのである。

明治期以来、新聞は自紙を販売する販売店（専売店）を組織化し、各専売店が値引き、景品（販売拡張材料）など、さまざまなアイディアで販売拡張を競い合ってきた。専売店を基礎とした販売こそが、新聞の興廃を担って来た。これに対し「共販制」は、新聞個々が系列化していた専売販売店を廃止し、代わりに共同で配達、集金、輸送を行うのである。「新聞共同販売組合」を設立して、組合が新聞を販売するというもので、それは事実上、販売競争の停止を意味した。

審議の中で、全国紙は「拡張抑制の大きな痛手」と反対したが、地方紙側は共販制こそが「全国紙の地方への進出を抑止する有効な手立て」として、その実施を強く求めた。さらに全国紙が「七十年の長きに亙《わた》って、営々として築き上げた販売網を放棄することは、新聞の生命を絶つものだ」と発言すると、地方紙は「大新聞は長年の間、地方紙を侵食しておきながら、今になって共販制を回避するとは呆れる。共に国策を語るに足らず」と難詰する[4]など対立し、「殆ど罵り合う激論が、展開反覆され、数回の会合悉く喧嘩別れに終り、妥協の見込は付かなかった[5]」という。

だが松村は情報局の威光を背景に、共販制の実施を強く迫った。これに地方紙は勢いづき、全国紙は押されて、結局は地方紙の要求通り共販制の実施で合意した。全国紙側が譲歩した背景には、他の産業界で統制強化がなされており、新聞業界だけが統制を免れることは出来ないという時局認識と、「政府・軍部の根本の狙いは、新聞統合によって全国紙の力を削ぐという点に主眼があるのだから、共販ぐらいで、済ますことが出来るのなら、傷が浅いのではないかと考えた[6]」

ことがある。いうなれば厳しい統制を回避するため譲歩はやむを得ないという意識が存在したのである。

共販制の具体的な組織は、「中央本部」―「九つのブロックから成る地区連合会」―「道府県共同販売組合」―「市町村共同販売所」という縦系列の階層組織で構成された。この結果、既存の販売店は、呼称も「共同販売所」と改められ、東京、大阪、名古屋、京都、神戸、横浜の六大都市以外は、原則として一市町村に一販売所しか認められず、複数存在する既存の販売店は、共同販売所に統合された。さらに新聞の拡張も厳禁とされ、「新たに新聞購読の申込を受けたる場合は、申込者をして（共同）販売所に、所定の購読申込書に記入せしむべし」と定めた。

共同販売所の代表責任者（所長）も一人に絞り、店舗も一つだけが「共販事務所」として許され、他は「配給所」に降格された。所長の選に漏れた販売店主は一組合員となるが、販売所に対して「持ち分権」を有することが定められた。「持ち分権」とは、販売店が持っていた読者の数（部数）を営業上の権利として認めるもので、「得意料」「暖簾代」とも呼ばれる。これまで販売してきた部数を共同販売所に出資する見返りとして、その部数に応じた共同販売所の株式を株主として有する権利である。共同販売所の利益は、出資した組合員全員が共有し、利益は「持ち分」に応じて配分されるというシステムだ。新聞社と共同販売所との取引関係も、共同販売所は毎月の元払いを道府県共販組合へ納付し、新聞社は道府県共販組合へ原価請求する方式へ変更された。これは新聞社が、特定の共同販売所と隠れて密接な関係を結ぶのを防ぐため、直接関係を断ち切りにする狙いがあった。

東京、大阪はじめ大都市では朝日、毎日、読売および有力地方紙の販売店が拮抗し、日々鎬《しのぎ》を削ってきたわけで、共同販売所の代表責任者（所長）や共販事務所の選定は難航した。「従来からの激戦地に在って種々の困難、種々の利害が錯綜し、その辛苦たるや寝食を忘れるはおろか、身を削り、骨を砕く、の想いがあった。一社の利害、個人の感情は一切絶ち切って顧みず、ために思わざる悲劇葛藤が随所に見られた」（『新聞総覧』一九四二年版）という。

共販制は、一九四一（昭和十六）年十二月一日、太平洋戦争開戦前夜の緊張した状況の中で、全国一斉に実施された。だが、名古屋は十二月十八日に、東京は翌四二年一月七日に、京都は二月二十日にずれ込んだ。[7] これは販売競争のしこりが残り、容易に解散に応じなかった販売店が多く存在したためである。

情報局第二部長の吉積正雄は共販制が実施された直後の一九四一年十二月十六日、ラジオで「非常時に於いてそんな自由主義的無統制の競争をすべきでないと言うことから、各地の販売店を新聞各社から独立させて、新聞連盟の監督下に置き、一販売店はその担任区域内に於て、各家庭の要求に応じ、いずれの新聞でも販売すると言う建前をとったのであります」[8]と、購読者である国民に理解を求めた。「非常時に自由主義的無統制の競争をすべきでない」という言葉に、共販制実施という統制の狙いが示されている。

こうした専売から共販への転換について、大阪毎日の大阪一手販売店の岡島新聞舗店主、岡島真蔵は「共販制とは、新聞販売をいわば、請け下げ所みたいな形にしてしまい、新聞拡張の骨を抜いてしまうこと。これまでの敵が一緒になるのだから、仲良く行くわけがない。合同することはしたが、朝夕内輪もめばかりであった」[9]と証言する。しかし、東京日日営業局長の七海《ななうみ》又三郎は「もめ事はあった」としながらも、「利益は持ち分に応じて配分するから、何も仕事をしない構成員も配当を受けて生活できる。だから、前よりこの方がいいな、という気持ちを起した。初めは寂しいという考えでいたようだが、やってみると楽だし、共販制に馴れた。また新聞側も、これで儲けた。競争するための販売費がいらなくなった上、送った紙の分だけキチンと金が入る。新聞の経営は、これで非常に良くなった」[10]と指摘し、共販制に当初反対した全国紙側も、実施後は何等苦情の声を挙げなかった事情を明かしている。

読売営業局次長の務臺も「（毎月）二十五日には代金が全部入り、未収はない。部数は増えないが、販売店への販売の補助金は出さずに済む。新聞は二頁の朝刊だけで、用紙代は少なく、販売の方は金がかからず、楽なものです。（社長の）正力さんに言わせると、共販中の新聞の社長は馬鹿でもなかったら出来るのだと。収入は確保しているのだから誰でも出来るでしょう」[11]と指摘している。共販制は物資統制が解除される一九五一年まで継続して実施された。

記者クラブの履歴

現在、日本の記者クラブ制度は、外国メディアなどから「日本独自の制度（システム）で、加盟紙だけが、当局から数々の便宜を独占的に供与される」などの批判を浴びている組織形態である。戦前には「記者倶楽部」と表記された。その歴史は、一八九〇（明治二十三）年、第一回帝国議会開会に際して、新聞各紙が議会を傍聴取材するため団体を組織し、当局へ許可を願い出たことから出発している。警視庁は衆議院の議事取材として「在京新聞には一会期を通ずる傍聴券二十五枚、地方日刊新聞には十枚を交付し、各紙の協議を以てこれを分配」（『時事新報』一八九〇年十二月三日付）することを許可した。これを受けて新聞各紙は「同盟記者俱楽部」を結成した。これが記者クラブの事始めである。

その後、日清戦争の際に外務省が戦争支持の世論形成を意図し、清国との外交交渉の経過を公表することを決めたのに伴い、これを取材するため記者たちは「外交研究会」という団体を組織し、終戦後には常時、外交政策を取材する「霞俱楽部」という名称の記者俱楽部へと発展した。日露戦争では、陸軍省に「北斗会」という記者俱楽部が発足、明治後期には主だった官庁、政党には記者俱楽部が生まれた。これら明治期の記者俱楽部は、日清、日露戦争において外務省、陸軍省に記者俱楽部が設置されたことが示すように、政府側が戦争支持の世論形成のため新聞の利用を意識し、新聞側も「情報の仕入先」として俱楽部の開設を望んだ。すなわち、戦争を契機とした政府と新聞双方の「利害の一致」の上に成立したのが、現在も続く記者クラブの原点である。

大正期には大阪、名古屋の地方都市にも記者俱楽部が設けられ、一九二一（大正十）年ごろには東京約四十、大阪約二十、名古屋約十の記者俱楽部が存在し[12]、満州事変が起きた三〇年代までに中央官庁、地方出先、政党、財界などの公的団体では漏らさず設けられた。『日本新聞年鑑』の記載を拾うと、東京の記者俱楽部は一九二五年には三十七、それが一九三一（昭和六）年には五十一、一九三三年には六十九、一九四〇年には九十四を数えることが出来る。

新聞がメディアの主流として発行部数を増大させ、それに伴い新聞も企業化するという近代化の流れの中で、記者倶楽部は、締め切り時間に追われながら紙面を埋める記事作成に欠かせない、つまり新聞という商品制作の一連の工程で不可欠な存在に高まっていった。また政府側にとっても、世論形成に大きな影響力を有する新聞を管理、操作するメディア対策の上で、記者倶楽部の存在は、同様に不可欠なものとなった。

だが記者倶楽部が新聞制作システムの中で確固たる地位を占めるに連れて、その存在は、政府や新聞社にとって看過出来ない「問題を内包させた場」と映ずるようになった。記者倶楽部の特徴は、①倶楽部の構成は「記者個人」であった、②所属する新聞、通信社という会社の枠を超えて記者団の自治的機関の形態を備えた、③首相官邸、内務、大蔵、鉄道省、警視庁など主要官庁には複数の記者倶楽部が存在した——ことが挙げられる[13]。

記者倶楽部の構成が「記者個人」であることは、倶楽部の運営はあくまで記者側自身が執り仕切ることを意味している。新聞、通信社の社員であることが入会条件だが、会社（企業・経営者）は倶楽部運営に介入は出来ない。そのことは、倶楽部が会社から独立した「自治的機関」として、独自の活動を展開する理由となっている。

新聞が近代化（企業として組織化）する中で、会社と記者の関係も、かつてのような不透明な関係から「経営者・資本家」と「従業員・労働者」の関係へと整備されていく。「ブンヤ」という蔑称が示すように管理の「枠外」に位置する無頼漢であった記者が、組織内従業員（サラリーマン）として「枠内」へ組み込まれる中で、記者倶楽部だけは「枠外」の組織として存在していた。

記者倶楽部は独自の活動として、大臣や官庁の高官と対立し、謝罪あるいは更迭に追込む一方で、倶楽部に所属する記者が解雇処分にあった場合などは、倶楽部として当該会社に抗議し処分を撤回させるなど、政府および会社と対峙する事態が続発した。「倶楽部は各社記者の連合力を以て権勢を揮い、或る時は当該官庁と抗争を醸し、或る時は一省の高官や行政長官の更迭を見るに至った例もあり、小さい例としては、倶楽部の慰労旅行の為に急行列車を不停車駅に臨時停車させたり、又は寄附金を取ったり（主として政党関係）したこともある。中には悪徳記者もあり、情報売込の屈強なる拠点ともなって、官庁や新聞社も頗る悩まされた[14]」という。この時代、首相官邸、内務、大蔵、鉄道省など主要官庁には、複数の記者倶楽部が存在したが、それは鈴木茂《も》三《さぶ》郎《ろう》によると「朝日と毎日の二大新聞社の競争、また大新聞と小新聞の間に生じる新聞社間の競争と抗争が分化作用を促し、それを政府当局は記者倶楽部の分断管理の好機と捉え、それに乗じて分裂を策した」ためであるという。[15]鈴木は報知、東京日日などの記者を経て、戦後は日本社会党の委員長を務めている。月刊誌『文藝春秋』などにS・V・Cのペンネームで新聞の在り方を論評し、『新聞批判』（一九三二年刊）という著書もある。

記者倶楽部と、会社である新聞社との対立を象徴する事件も起きた。一九三〇年十一月、浜口雄《お》幸《さち》首相が東京駅においてピストルで撃たれるテロ事件が発生した。病院へ運ばれた浜口首相は手術を受けたが、これを電通の記者が特オチ（同社だけが記事にしない）するという失態を演じ、この記者を会社は解雇処分という厳罰に処した。記者に同情した倶楽部は「不慣れな取材のミスが原因であり、それを記者に命じた会社の方が悪い」と反発し、問題は拡大した。在京紙幹部で組織する二十一日会は、会社（企業・経営）側の立場から、記者倶楽部の反対行動を「人事権への介入」と見て危機感を抱き、記者倶楽部の独自性の排除を意図し、倶楽部そのものの改編に動き出し、一九三一年四月に記者倶楽部の新たな規約草案を作成した。規約の骨子は、①倶楽部の構成単位を「会社」とする、②在京の記者倶楽部は、二十一日会加盟の在京有力紙に限定する（これ以外の新聞、通信社は除外する）、③倶楽部の目的を「取材協力機関」に限定する、④倶楽部の決議や申し合わせは、会社の承認を経て後に効力を発する――というものだ。倶楽部改革の狙いが、会社側の管轄下「枠内」に置くことにあるのは明らかだが、同時に倶楽部の加盟を在京、在阪の有力十二紙に限定しており、有力紙だけが情報を独占するという意識も見逃せない。

二十一日会は改革案の実現へ向け、会社の幹部室へ記者を呼び付けて威嚇したり、倶楽部の総会へ幹部を乗り込ませて改編を強制したりと「必死的に努力した」[16]。これに対し倶楽部側も、在京の三十九記者倶楽部の横断的組織として「新聞通信記者会総連盟」を結成し、激しく対抗するという全面衝突の事態となった。双方の代表が何度か会合したが妥協には至らず、その間に二十一日会の中から「時間潰しだから中止しよう」という声が上がり、結局二十一日会が改革案を取り下げるという、会社側の敗北で事態は収拾された。

時事新報編集局長として二十一日会を切り盛りした伊藤正徳は、会の「敗北」について次のように記している。「この事件は新聞社の内輪のことだが、影響は意外に大きい」として、「これを境として、二十一日会の精神的結束が乱れ出したことを指摘しなければならない。会員の熱が冷め出したのだ。（中略）それから数か月して満州事変が起った。それまでは、大きい国策について幾回か共同声明を紙上に掲げて公器の力を正しく活用した二十一日会は、御茶ばなしで散会するという虚脱状態であった。それよりも、国際連盟を脱会するという国家の大問題に直面し、筆陣を一にしようという提言が、その成否は別問題として何人の口からも発しられなかった如きは、明らかに魂の抜けて了っていたことを語るものだ。二十一日会の共同宣言が連盟に留まる可しと疾呼し得たならば其当時の軍部には未だ之を押し切る力は無かったし、日本の歴史は今日とは異なるものであったろう」[17]。伊藤は、海軍記者として名を馳せ、戦時下の新聞統合で誕生した「中日新聞（中部日本新聞社）」の初代編集局長、戦後は共同通信社の初代編集局長に就任している。

枠内に入った記者たち

しかし、このような記者倶楽部および記者の「反権力」「管理外」という意識も、日中戦争の泥沼化で戦時色濃厚の時代になると、変容して行った。そうした意識を一九四〇（昭和十五）年六月に起きた筆禍事件が示している。同事件は、外務省の須磨弥吉郎情報部長の「米英摩擦は之を避くべし。又独伊親善は適当ならざる」という談話を基にした東京日日、読売の外交関係の記事を陸軍が問題視した。従来ならば記者倶楽部が一丸となり陸軍に抗議したであろうが、逆に陸軍に同調した在京有力八紙の記者で作る「外務省記者倶楽部」は、東京日日、読売両紙の記者を「除名」処分とする方向で検討、結局は記者が倶楽部に陳謝し、会社も責任を認め、自発的に記者を倶楽部から退会させている[18]。戦時色が強まる中で、軍部に迎合して彼らの主張を代弁する、つまり権力との結託、管理の「枠内」へ入ろうとする意識が記者の間で次第に支配的となり、したがって記者倶楽部もそのようなものへと変容して行った。

新聞連盟の編集委員会は一九四一年八月から検討を開始。同年十一月までに記者倶楽部再編案を作成し、情報局へ提示した。検討開始以来、短期間で作成出来たのは、具体案が既に存在していたことを示している。同案は、一九三一年に二十一日会が作成した案と類似した内容で、二十一日会案を基にしたことが窺える。

再編案は①（中央省庁の記者倶楽部は）一省一記者会を原則とする、②記者会の構成は、各新聞社または通信社を単位とし、個人を単位とせず、③記者会の構成社を最小限に限定し、なるべく東京八社、または新聞連盟の理事、監事の十四社とする、④官庁の必要によって構成社を増減することは可能、⑤各社の常置派遣記者も最小限に限定する、⑤官庁との連絡を密にし、構成社又は派遣記者の変更については事前に官庁と協議の上決定すること、⑥記者会の協定事項、除名その他の制裁等はすべて当該官庁並びに新聞連盟と連絡の上決定すること――を骨子としている。[19]

最大の特徴は、記者倶楽部の構成単位を「記者」から「会社」に改めたことで、そこには記者団の自治的機関としての権利を完全に否定し、倶楽部を政府や会社の管理の枠内に収める狙いが込められていた。しかも、政府当局の承認がなければ記者の入退会や協定を決定できないということは、監督権を政府当局に供与したことを意味していた。また倶楽部のメンバーを原則として連盟の理事、監事である十四社に限定したことも見逃せない。十四社の発行部数の合計が全国日刊紙の約八割を占めており、連盟での方針決定も十四社だけでなされた。いわば、その他の新聞社を排除して「特権の享受」を図ったものといっていいだろう。

『新聞総覧』（一九四二年版）は、この再編を「記者倶楽部改組問題が多年に亙って二十一日会の懸案となりながら幾度か失敗の苦渋をなめて来た経験に鑑みても、特筆すべき大功の一つであろう」と高く評価するとともに、官の立場に沿って次のような評価も下している。「問題は、新聞社にとって懸案たるばかりでなく、同時に政府各庁にとっても多年悩みの種となって来たのである。倶楽部自治権の名に依って官庁との抗争を醸し、延《ひ》いては高官大臣の辞任まで誘導した事も稀しくはなかった。或いは倶楽部に盤踞して利権をねらい、または情報を漁って政界、経済界に売込むなど、新聞記者とは名のみで徒らに社会の裏面に蠢動するものの巣窟ともなっていたし、而もこれ等の不徳記者の勢力は侮るべからざるものがあって、倶楽部粛清の癌となっていた例も少くはなかった。（中略）これが断行の結果は期せずして倶楽部の大粛清となり、街の紳士の横行を封鎖する事ともなったのである」。

政府は十一月二十八日の閣議で「新聞ノ戦時体制化ニ関スル件」と題した、戦時の言論統制の基本方針を決定したが[20]、その中で「新聞記者クラブノ整理」と題して「機密ノ保持及報道宣伝ノ積極的指導ノ為現在ノ乱立無統制ナル記者クラブヲ整理ス」という方針を掲げた。つまり記者倶楽部を「乱立無統制」と見て、「機密ノ保持及報道宣伝ノ積極的指導」を目的とし改編することを正式に定めたのである。

この閣議の方針決定を受けて情報局は、新聞連盟と協議を重ね、十二月四日までに「記者会規約」や「記者倶楽部整理手順」を決め、同日付で、「情報局第二部第一課長　松村秀逸」名の文書として連盟加盟の新聞各社へ通達した[21]。「記者会規約」は、記者倶楽部の存在を「本会ハ　当

局ト協力シテ　皇道ヲ自覚シ新聞通信ノ国家的使命ヲ達成スルヲ以テ　目的トシ」と定め、さらに「当該官庁ニ対スル各社ノ接触機関トシテ　担当部門ノ研究取材等ヲ行ウモノトス」と当局との密接な連携を掲げている。さらに連盟が作成した案を基にし、一省一記者会や会社を構成単位とすることなどを内容としている。「記者倶楽部整理手順」は、「次官会議附議決定」（十二月八日）→「閣議決定」（同）→「新記者会結成・新バッチニ依ル　出入取締」（十二月九日午前中）と記している。即ち、記者倶楽部は、開戦当日（十二月八日）の閣議で従来の組織の廃止と新組織の結成を正式に決め、翌九日に慌ただしく再編されたのである。

再編の結果、悪徳記者が倶楽部から駆逐されたことは確かだが、その本質は、「新聞ノ戦時体制化」のため「機密ノ保持及報道宣伝ノ積極的指導」を図ろうとする政府の意に沿う以外の何物でもない。重要なのは、そうした統制をメディア自身が進んで作成し、実施したことである。

思想戦戦士

『新聞総覧』（一九四二年版）は、連盟の編集委員会の実績として、記者倶楽部の再編に加え、「絶えず情報局と連絡懇談して輿論指導または報道や政府発表に種々献策した事も逸してはならない。この結果は新聞という民間機関が、全く政府と一体化して文化啓蒙に協力するの端緒をつくり、従来とかく対立して取締り上の紛議を醸した禍根を一掃し得たのである」としている。

編集委員会が作成した「言論報道統制に関する意見」と題する文書は、「戦時下における吾等新聞人は、新聞は、思想戦兵器にして新聞記者は思想戦戦士なりとの自覚の上に立ち、言論報道に関しては、国策の指向せる方向基準に一致協力し、外は国際宣伝戦を、内は国論啓発指導戦の清新活発を期し、以て其本来の機能を縦横に発揮せざるべからず」と、自らを「思想戦戦士」と規定し、「国策の指向せる方向基準に一致協力」と国との一体化を誓っている。[22]

編集委員会委員長として、この文書作成の責任者を務めた毎日幹部の高田元三郎は、戦後に「(編集委員の)人々の胸底には、期せずして自主規制に失敗すれば、軍官の完全統制避け難しという憂心があった。これは当時の新聞人の胸中にうっ積していた官僚統制に対する不満を、ぶちまけたものであるが、要するに当局と、新聞は『共に宣伝し』『共に作る』という協力体制を実現しようというのであった」[23]と記している。当局の厳しい弾圧を避けるためのもので、狙いは当局の言論統制を緩和させることにあったという弁明である。

だが、『情報局関係資料』を編集した東京経済大名誉教授有山輝雄は「(意見書は)全体としては先取り的に、あるいは主体的に『思想戦』の担い手たらんとする積極的態度で貫かれている。(中略)この時期の言論報道統制は、政府の一方的政策によって実現されたとは考えがたい。むしろ、新聞社の自発的意志、政府への協力的態度によって『国策の指向せる方向基準に一致協力』が進んだことが浮かんでくる」[24]と指摘する。つまり、戦争という事態に「報道報国」をスローガンとして主体的に参加した記者たちの意識が、「思想戦戦士」という言葉に凝縮されている。

それは、『新聞総覧』(一九四一年版)に掲載された「新しき新聞道に就いて」(新愛知・岡田伊三郎営業局長)、「新聞と企業」(読売新聞・宮崎光男企画局長)と題した小論からも浮かび上がる。

新愛知の岡田は次のように記す。

「我国は未曾有の聖業完遂へ総力を以って前進しつつある。（中略）現在ほど新聞本来の使命と、国家又は時代の要望とが合致したときはなかろうと、思うのである。享楽的、射倖的編集手法等は亜米利加合衆国における傾向をそのまま採用したかの如く、遺憾の極みであり、皇国の新聞として再考すべきものを多々含んでいた。新聞界も日本の新聞として独特の意識方法が誕生、確立されるべきは至極当然である。私達は単なる報道者であってはならない。国民に真の国民的方法と決意とを常に先導する火でなければならないと思う」

これに対し読売の宮崎は、新聞の経営問題にも触れ、より具体的な方針を明らかにする。

「総力戦において、宣伝がいかに重要なものであるかはいまさら絮説《じょせつ》を要しない。また新聞が宣伝戦、情報戦、思想戦の文化線の一角を分担して、重要な国家的任務を遂行しつつあることは、現にひとびとが見る通りである。今や商業主義的新聞、商品主義的新聞の性格を一擲して国家文化戦線の先頭に立ち、外は国際的報道宣伝機関として国家のスポークスマンたる使命に邁進し、内は国家の方向を国民に了解せしめ、日本的全体主義、万民翼賛体制の下に、高度国防国家の達成に向って官民を鼓舞激励し、国策の浸透により国民大衆を啓発指導しなければならぬのである。かく時局によって課せられた任務を完全に果たすためには、従来のごとき営利主義的経営方針のみによっては、不可能である。それには新聞は積極的に国家と抱合し、協調を図らなければならない」

この二つの小論には、全国紙、地方紙の間に多少の温度差はあるものの、連盟の「意見」と同様、戦争遂行に進んで参加するメディアの積極的な意思が示されている。

第十章　統制の深化

内閣情報局は一九四一（昭和十六）年九月、最後に残った統制最大のテーマ「新聞統合」について、その立案を新聞連盟に求めた。日本の全ての新聞を一つに統合するという急進的な大事業を突きつけられ、新聞各社、古野はどう動いたのか。そして紛糾の結果生まれたものは——。

戦時期の言論統制はここに最大のヤマ場を迎える。

日本中の新聞を一つにする

情報局第二部長の吉積正雄は一九四一(昭和十六)年九月十七日、言論統制構想をまとめたファイルを作成した。これは新聞を整理統合する新聞統合に関する「審議事項」を連盟に諮問した日のことだが、言うまでもなく、先に示した「新聞統合ニ関スル書類綴」のことである。書類綴の表紙には「昭和十六年九月十七日　起　新聞統合ニ関スル書類綴　第二部長」という文字が記されている。[1]「起」という文字からは、新聞を統合する「作戦」を「起ち上げる(開始する)」、そして実現するという、現役の軍人、陸軍少将としての強い決意が窺える。

新聞統合は第一章で触れたように、国家が強制的に新聞の発刊母体である新聞社を整理統合する統制で、「戦時の言論統制時代の象徴」と位置付けられている。

情報局は一つの県において、新聞を一紙だけに整理統合する「一県一紙」の実現を意図していた。これは全国の新聞の分布体制を計画的に整備し、新聞を総力戦体制に組み入れることを意味していた。しかし、この時点では国家が強制権を持つことを認める法令は未だ存在せず、新聞側にとっても死活に関わるだけに、論議の対象とすることを避けていた。

吉積がこの時点で新聞統合を諮問した理由は、同年九月六日に御前会議で決定された「帝国国策遂行要領」にあった。すなわち「十月下旬を目途とし(対米英蘭)戦争準備を完整す」である。この極秘方針を吉積は当然承知し、太平洋戦争の開始を睨んで、言論統制の最大課題として残されていた新聞統合の実施を「急務」と判断したのである。

吉積が連盟に諮問した審議事項は以下のようなものであった。

「審議事項」

審議事項（其の一）

一　全国の新聞を全国紙、中間紙（ブロック紙）、ローカル紙に大別する事の可否（可とすれば、その数及び発行地　如何）

二　全国紙、中間紙、ローカル紙の性格（記事内容）に特殊区別を設ける事の可否

三　建頁を指定するの可否（可とする場合は、その原則　如何）

四　全国紙、中間紙に地方版を認める事の可否

五　大都市（東京大阪等）にローカル紙を存在せしめる事の可否

六　大都市に特殊新聞（業界紙に非ず）を存在せしめる事の可否（可とする場合は、その数及び性格如何、またその記事に制限を附する事の可否）

七　ローカル紙は一県一紙を原則とするの可否（特例を認めるの可否を含む）及び一定発行部数以下のローカル紙を認めざる方針の可否（此場合、その発行部数の限度如何）

八　同一新聞社にして発行地を一箇所以上持つことの可否

九　全国紙と又は中間紙とローカル紙との間に資本関係を結ぶ事の可否

十　業界紙を認める事の可否（可とすれば、その種類並に数如何）

審議事項（其の二）

一　新聞統制の根本方針を　（イ）「業者の自主統合」（ロ）「政府の命令に依る統合」の何れを可とすべきや

二　新聞統合に要する資金を　（イ）「民間業者の支出」（ロ）「政府の融資」（ハ）「官民共同出資」の何れを可とすべきや

三　全国新聞統制会社設立の可否

四　新聞社の組織原則如何

五　新聞紙法改正の要否

出典　『新聞総覧』（一九四二年版）

審議事項（其の一）には、新聞の形態および統合の基準を中心とした統合の内容が、（其の二）には統合の実施方法が、二つに区分され提起されている。（其の一）（其の二）のいずれも、「可否」を問いかける表現だが、それは手段の差異についての問いであり、統制を実施するという目的に相違はない。最も注目されるのは、「全国新聞統制会社」という組織を設立するという構想が盛り込まれていることで、「可否」としてあるが、情報局が全国の新聞を一つに統合する構想を抱いていることは明らかであった。

純粋なる公的機関としての新聞

連盟の理事を務める十四社は、吉積から提示された諮問事項を審議するため、九月中旬から十月初旬にかけて毎週月水金と隔日で理事会を開催した。審議は「その都度、甚だ潑剌たる論戦に火花を散らし、口角泡を飛ばして時の経つのも忘れるが如くであった」（『新聞総覧』一九四二年版）とされるが、各社に共通したのは、「自分の新聞の生き残りを図ろう」という意識である。

諮問から約二週間後の十月四日の理事会で、理事長の田中都吉は「審議をひとまず打ち切り、小委員会を設け検討することにし、同委員会の人選は理事長一任されたし」と宣言し、「公正を期すため、当事者である新聞関係者は外し、それ以外の理事で構成する」という理由を挙げて、自身と古野伊之助、三人の政府系参与理事の計五人の委員を指名し、早々に小委員会を立ち上げたが、その中には間もなく情報局次長に就任する奥村喜和男がいた。

この時期は東條内閣が発足（十月十八日）し、それに伴い内閣情報局や内務省の人事が刷新された時期である。情報局総裁は伊藤述史から同じ外務省出身の谷正之に、次長は毎日出身の久富達夫から革新官僚の奥村喜和男に、内務省警保局長は橋本清吉から今松治郎に交代した。奥村の情報局次長就任は正式には十月二十三日だが、前任の久富が古巣の毎日へ「密かに（情報局が検討している統制の）実情を知らせた」[2]などの動きをしたため、吉積は久富の更迭を望んでいた。これを受け古野と企画院総裁の鈴木貞一（四月、予備役となり近衛内閣国務大臣兼企画院総裁に就任）が揃って後任次長に推薦したのが奥村であった。「久富を更迭し、奥村が次長に就任する」ことを前提に、小委員会には当初から奥村が参加していたのである。

小委員会は、十月四日から古野の同盟社長室で会合を重ねた。小委員会の作業を記した文書

「小委員会第三回迄の決定事項」[3]には、第一回の会合の時点から「特殊事情ある府県を除き、大体一県一紙を方針とする」「全国新聞社の資本を統合する特殊株式組織による単一統制会社を設立し、新たに公共的な全国新聞体系を整備することが必要である」という二つの基本方針が決められ、とくに全国新聞統制会社という組織について集中的に論議したと記載されている。「小委員会案」の関連文書は、日付順に五通の案が存在しているが、これは五回にわたり案を書き換え、最終案をまとめたことを示している。統制会社の名称は、当初の文書では「新聞統制会社」とされたが、後に「新聞統合会社」に修正され、最終的には「新聞共同会社」と命名されている。全国紙の反発が予想され、それを和らげるため「統制」や「統合」という言葉を避けて修正したのであろう。

小委員会は約一ヵ月後に案をまとめて、十一月五日の理事会に「小委員会案」として提出した。小委員会案は、「新聞共同会社」について、①既存の全国の新聞社（有保証金・普通・日刊新聞社）を、共同会社へ一元（一社に）統合する　②発行権、財産は全て共同会社のものとする　③新聞各社の発行部数、財産などを評価し、それに応じた株式を交付する　④新聞発行、経営は、共同会社が委託する形で各社が行う　⑤共同会社の役員は既存の（有保証金・普通）日刊紙から選任するが、政府の同意を必要とする——という構想を主内容としている。（201頁～、史料Ⅰ「新聞共同会社設立案」、「新聞新体制要綱案」）

この小委員会案には「新聞統合会社の目的と其の運営」「新聞共同会社の設立に就て」「新聞新体制に就て」「新聞新体制要綱案」と題した四通の付属文書も付けられている。付属文書は、奥村が執筆したものと思われ、電力統合と共通した考えが浮き彫りとなる。奥村の企業統合の核心部分は、企業の「営利」を排して、「公益」を最優先させるというものである。そのために現存の全ての会社を解散し、それを一つに統合して「営利」でなく、あくまで「公益性」を最優先した組織へ再編する。「公益」とは総力戦体制の確立を指し、その建設のために全てを「革新再編」することが必要だという論理である。

具体的には、新聞の「資本制覇又は営利第一主義」を排除し、新聞を「国家国民の公器」に改編する。「資本中心から国家中心へ」「売れる新聞から良き新聞へ」と本来の「公器」としての使命を全うさせるように、新聞新体制を構築することが必要である。新聞共同会社は、そうした新聞新体制を具現化したもので、それを設立することで、新聞は「一個人、一財閥、一会社の資本の桎梏を離れて、純粋なる公的機関としての存在」となることが出来るのだという考えである。「新聞共同会社」は、電力統合によって設立された「日本発送電株式会社（日発）」に相当する組織である。しかし、「資本と経営の分離」という点では、異なる形態が採られた。電力統合の日発が「民有官営」であるのに対し、新聞共同会社は「民有民営」である。「国家的統制によって陥りがちな無味単調の悪弊を避けるため、新聞共同会社の経営は新聞社幹部に委託する」と説明している。だが、「国家は、会社の経営に何等関与しない」と見るのは早計だ。小委員会案は「共同会社の役員—其の任命には、政府の同意を要す」と明記している。つまり「民営」だが、それはあくまで「国家の管理下」を前提としている構想であった。

目標より先に狙いをつけて撃て

この共同会社設立案には、古野の満州での実績も投影されている。共同会社の組織形態が、先に示した満州での新聞統合の実施母体「満州弘報協会」と類似しているためだ。

弘報協会と共同会社の類似点は、①組織形態は、株式会社である、②その株式発行は、各新聞社の発行部数、有体財産並に営業成績を総合評価し、発行する、③新聞社の組織は形式的に一つの会社に統合されるが、実際の新聞発行、経営は、委任契約の形で現在と同様に個々の新聞社が行う、④但し、人事は政府の同意が必要とされる――ことが挙げられる。何よりも、弘報協会が新聞統合の実施主体として満州で成果を上げたという実績が、弘報協会を参考とした理由であると思われる。

古野は戦後、共同会社設立案について次のように語っている。

「日本中の新聞を一つにするという案を、名古屋の森一兵君が提案した。それは存立の恐怖心から起ったもので、いつ爆弾を食らって自分の新聞社がペチャンコに潰れるかも知れんという不安からで、地方新聞社からはそういう恐怖心からいろいろな提案が出てきた。片っ方で潰れた時に、すぐこれを応援する、潰れずにやっていくようにする。東京でも小さい新聞社は何か共同組織が出来なければいかん。新聞社がお互い寄って何とか相互共助の形を作らなければいかん。こういう思想から来ているもので、日本中の新聞社を一つにしろという考え事が誰の頭にも浮かぶ訳がない」

「(A級戦犯容疑で)巣鴨(プリズン)にいる時に、アメリカの尋問官に『君は日本中の新聞を一つにしようという計画だったというが、本当か』と尋問された。『俺の顔を見て、気が少し変になっているか、どうか試してみろ。一国の新聞社を一つにしようという馬鹿なことを考えるアホウがいると思うか』と、しっぺ返しを食らわせたら、『それは、そうだ』と引っ込んでしまった。共同会社は、名古屋の新聞社が壊されたら、神戸の新聞社がやるというように、新聞を継続していく組織が出来そうなものではないかという案である」[4]

確かに、戦争末期には多くの新聞社が爆撃で社屋が破壊される事態が現出し、救済のため新聞社間の連携が求められた。しかし、共同会社案が立案された時期は開戦前で、その当時「日本中が米軍の空爆に晒される」ことが現実のものとなるとは思えなかった。また名古屋の森は同案に賛成はしたが、提案はしていない。古野は一九四五（昭和二十）年に再度、同案の実施を情報局に働き掛けている。古野の証言は、同案の提唱者として、戦後「被告席」に立たされた弁明であることは明らかである。

古野の腹心、連盟事務局長だった岡村二一も戦後に、次のように証言している。

「古野は『大砲が照準を合わせる時には、目標より先に狙いをつけて撃つんだ。それからこの照準だとどれだけ違う、じゃ、もうちょっと前へ撃てと言うもので、だんだん前へもってきて当たるものだ』という話を私に聞かせた。新聞統合は行き詰っていて、これ以上は出来ない状態になっている。この先は一県一紙にもっていかなければならない。それが狙いなんだ。それをやるためには、初めからそう言ったら出来やせん。もっと大きな大砲を撃って脅かしておいて、大譲歩の形で一県一紙へもってゆくんだ。それ位の荒療治をしないと、あの連中がついてくるはずがない。だから断固としてこの案（「共同会社」設立案）を出すんだ』と。こういう話をすると古野というのは、大変な策略家であるということになるが、古野はことを運ぶ時には、たいてい最後の目標をおいてスタートする男なんです」[5]

だが岡村自身は、一九四三年一月に東京帝大文学部新聞研究室で行った講演で、「共同会社案の目的は、新聞が国家的公器たるの性格に鑑み、従来の如き営利的組織を脱却して、全新聞人の知恵、施設、技術の総動員に依って、よき新聞の製作普及徹底を図らんとする組織にあり」など と詳しく説明し、「結局は実現しなかったが、今後に於いても十分に研究の余地はある」[6]と強調している。つまり、奥村、古野、そして岡村は、真剣に新聞共同会社の設立を模索したのである。

くせ者たちの争い

共同会社設立を盛り込んだ「小委員会案」が理事会へ提示された一九四一（昭和十六）年十一月五日は、御前会議で「日米交渉不調の場合は十二月初旬に武力発動を決意する」との方針を決定した日でもあった。理事会は「一たび此の案が報告されるや、賛否両論俄然対立して華々しい論戦が展開され、舌端火を吐くの概を呈して物凄い雰囲気を作り出した」（『新聞総覧』一九四二年版）という。

読売の正力松太郎、毎日の山田潤二は強い反対論を、名古屋の森一兵、報知の三木武吉は強い賛成論を展開した。総じて言えば、全国紙は反対、地方紙は賛成という構図で、端的には全国紙を牽引する正力と、地方紙の庇護者にして情報局の協力者である古野の対決でもあった。

正力の反対論は、読売社史によると、「同案は第一に新聞の自由を否定しており、第二に資本と経営の分離を図っている。これは新聞というマスコミ機関を一手に握ろうとする軍閥とその同調者の策謀である。この案が実行されると、日本に独立した新聞は存在しなくなる。幹部の任命権は政府に握られ、新聞は単なる一方的なニュースの伝達機関に堕してしまう」[7]というものであった。

しかし、「言論の自由」を前面に押し出した記述からも分かるように、これは戦後に書かれたものである。実際には満州事変以来、大衆の戦争ムードを巧みに誘導しながら飛躍的に部数を伸ばし、血と汗で営々築き上げた読売という新聞社を、「国に強奪されてたまるか」というのが当時の正力の本音であり、憤怒の原点であったと言うのが正しいであろう。

いずれにせよ正力の反対論に激高した情報局次長奥村が「自分は小委員会案を国家のため絶対に必要と信ずるから、職を賭してどころではない、死を賭しても実現させて見せる」と啖呵を切ると、正力が立ち上って「死を賭しても実現させるという真剣さには敬意を表するが、読売は自分の生命である。自分も命に賭けて、かかる案は阻止する」と激しく応酬した。

また報知の三木が「共同会社設立は時流に沿った案で、全面的に賛成する」と発言すると、毎日の山田が「三木君は資本家代表として突如報知の社長に納まったもので、新聞社の経験は頗る浅い。しかも現在は、自分の持ち株の全部を正力君に売り払った人である。そんな人の議論には信用はなく、傾聴するにも足らぬ」と批判した。これに三木は「無礼者」と怒鳴り、山田に肉薄して鉄拳を振るわんとするなど白熱した。[8]

ここで、報知新聞と三木武吉という取り合わせについて少し触れておこう。報知は一八七二(明治五)年創刊、明治末から大正期には東京の代表紙と称された名門であったが、朝日と毎日の台頭に押されて凋落の一途をたどっていた。一九三〇年には講談社が買収するも経営は好転せず、一九三九年からは株主たちに推されて政治家の三木武吉が社長を務めていた。

ただ経営者が変わっても山積した赤字が減るわけでもなく、これに目をつけたのが岸信介ら満州から帰国した官僚たちであった。満州の宣伝紙発刊の成功例を引き合いに報知の買収に動いたのである。三木はこれに心を動かしたが、実はこの買収案には裏があった。すなわち同じ時期に報知社内で三木を解任しようとする動きがあり、この三木追い出しの背後にこそ岸らの策謀があったのだ。このことを知った三木は、読売の正力に売却を持ち掛け、正力がこれに応じて一九四一年五月に報知の株式の過半数を取得した。しかし、買収が波紋を呼ぶことへの警戒感から秘匿され、三木がそのまま社長を務めることになった[9]。

いうなれば山田は、三木の痛い所を突いたわけである。結局、一九四二年八月に読売は正式に報知を吸収統合した。読売は報知という名前に親しみを感じる読者を引き込むため、新聞の名称を「読売報知」と変更した。しかし戦後、一九四六年五月に改めて「読売」に戻されると、報知の名前は読売系列のスポーツ専門紙「スポーツ報知」となり、現在に至っている。

三木は「反軍」を掲げ、戦時下の翼賛選挙でも「非推薦」で出馬し、戦後は保守合同・自民党結党に尽力した生粋の政党政治家として知られる。しかし言論統制の論議では、報知社長として終始、情報局の意向に沿う発言を展開した。三木は一九二八年、京成電気軌道(現在の京成電鉄）が浅草乗り入れを実現するため政界に工作費を贈与した京成電車疑獄事件に連座し、政界から離れることを余儀なくされていた。同事件では、外部招請で京成電気軌道に在籍していた正力も連座している。三木の正力への報知売却は、「連座した仲」という縁がある。三木が報知社長を務めたのは、政界を離れていた時期であり、言論統制に賛同することで情報局の受けを良くし、政界復帰の足掛かりにしようと考えた[10]と言われている。

これに対し三木に噛みついた毎日の山田もまた、ひと癖もふた癖もある経歴の持ち主である。満鉄出身の山田は一九二一（大正十）年に表面化した満鉄疑獄事件の立役者である。同事件は満鉄の中西清一副社長ら幹部が、政友会の政治資金へ回すため、政友会議員森恪の経営する塔連炭鉱を高額で買収したという疑惑で、中西は起訴され（二審で無罪）、政友会総裁原敬《たかし》首相の倒閣運動に発展した。この際、満鉄興業部庶務課長だった山田は、中西ら幹部を内部告発して退職、「赤心録」と題した手記を毎日紙上に公表、これを機に毎日へ途中入社した。先に触れた毎日の御家騒動「城戸事件」の際には、城戸を排撃する急先鋒として動いた。毎日は連盟の理事会へは当初、会長の高石が出席していたが、情報局次長久富から「統制強化の動き」という情報を得て、門司支局長であった山田を「満鉄で騒動を起こしただけあり、弁護士的な鋭いところがある」と見込んで急遽呼び戻し、専務取締役の肩書を付与し、理事会へ送り込んだ[11]という経緯があった。

入り乱れる思惑

こうしたくせ者ぞろいの全国紙に対して真っ向挑んだのが、地方紙の指導者で代表的論客であった名古屋の森である。森は、「朝日、毎日、読売三紙が小委員会の原案に合流せられんことをお願いいたす。共同会社設立案は全く理想的である」など、長々と設立賛成論を述べた。その論は「共同会社によって全国紙の地方進出を阻止できる。共同会社に組み込まれれば、既存の利益は実質的に国家によって保全され、全国紙の脅威から解放される」という目論見のもと発せられたもので、それは地方紙を代表したものであった。いうなれば全国紙、地方紙共に名分はともかく、自紙の生き残りを図るという意識では共通していた。

全国紙は読売正力、朝日村山、毎日高石の三紙最高幹部が参集し、「最後まで結束して反対する」ことを申し合わせた。反対運動は「全国三紙の結束保持」を重点に置いていたが、そのこと自体「結束」が崩れかねない状況にあった。それは、連盟に朝日の代表として出席している緒方への疑念であった。「緒方は平常から古野と別懇であり、いつも古野擁護の立場にあった。その緒方が今度の問題でも古野と通謀し、共同会社実現に努力している」という噂が流れていたのである。[12] 緒方が理事会で発言をしないことに苛立った正力は「緒方君、君はさっきから黙っているけど、こんなことやられていいのか。朝日新聞がなくなってしまうんだよ」と叱責するなど、[13] 緒方の離反を危ぶんだ。

ただ、緒方には古野との関係とは別の思惑があった。これについて緒方の部下であった細川隆元は次のように証言している。

「支那事変の始まったころ、（中略）よく緒方から資本と経営の分離論を聞かされ、（中略）緒方の考え方は新しくてエライと感心し共鳴したものだった。（中略）この資本と経営の分離ということは、緒方の新聞資本主義体制に対する彼一流の考え方であったとともに、支那事変以後は軍部のいわゆる革新思想の影響も多少あったことは見のがせない。緒方の親友であった古野は緒方を鞭撻していた[14]」

この時、緒方は創業者村山龍平の娘婿、村山長挙社長（一九四〇年五月社長就任）と対立していたのである。「新聞資本主義体制に対する彼一流の考え」とは、即ち大多数の株式を握る創業者村山一族の影響力を排除することであった。

こうした緒方の態度に危機感を抱いた毎日の山田は、新聞界の長老で毎日最高顧問の徳富蘇峰に説得役を依頼した。これを受けた蘇峰は「新聞界は今や死活の危機に立っている。独立のない新聞に存在価値はない。新聞の存亡は三紙の決意にかかっている。三紙の結束が破れる日は野心家の策謀が勝つ日で、その時は全新聞の潰え去る日である」と三紙の結束を説いた[15]が、蘇峰にも別の思惑があった。それは電通の光永との関係である。蘇峰と光永とは同郷（熊本）ということで懇意の間柄であり、同盟設立の経緯から古野に反感を持っていたのである。

各社各人入り乱れ、もはや混迷の一途を辿りつつあった新聞統合を巡る争いだが、そんな中、古野は正力と会い、独自の交渉を展開していた。古野は正力に対し、「共同会社に賛成すれば、あなたを新会社の社長に推す」と誘いをかけたのである。ただ、これについては正力が拒否し、不調に終わった[16]とされている。

戦後、古野は「正力さんと会い、『共同会社が出来れば、全国三紙の中の誰かが理事長とか社長ということになるから、皆で管理するから何でもないじゃないか』と説得した。それが正力さんの言によると、『古野が社長にするからと言った』ということになっている。御伽噺も面白くなっている」[17]と否定しているが、正力に揺さ振りをかけたことは事実であろう。

古野が最も危惧したのは、全国三紙が結束して強く反対することで、その結束を崩すことが出来るかどうか、それが朝日の緒方の対応にあると認識していた。全国紙側が緒方の動向をポイントと見たのと同じ認識である。古野の側近だった岡村は「この（共同会社設立）案は多分、古野が主張し、緒方さんが賛成した案だろうと思う。理事会に共同会社設立案が出た時に、緒方さんは一言も言わないで黙っていた」[18]と指摘している。古野が、事前に緒方に共同会社設立案の作成や内容を打ち明け、緒方の内諾を得ていたという証言だ。つまり、古野は「緒方が（共同会社設立）案に賛成する」ことを前提とし、「緒方が賛成に回れば、全国三紙の結束を阻むことが出来る」と判断して、共同会社設立案を提示した、と見ることが出来るのである。

だが、古野の思惑は外れ、緒方は賛成することは出来なかった。何故ならば、小委員会案が提示される直前の十月十五日にソ連のスパイ、ゾルゲと共謀した元朝日記者の尾崎秀実《ほつみ》が検挙されたのである。尾崎に目をかけ、編集担当責任者であった緒方に対し「主筆を辞任せよと、責任追及の声が激しく挙がった」[19]など、緒方は社内で窮地に立たされていた。全国紙の一致した反対運動に抗するなど、緒方が出来る状況にはなかった。

緒方案の真意

緒方の置かれた状況を察した古野は、共同会社設立案の実現を断念し、緒方にそれに代わる新たな統制案を作成するよう依頼した。岡村は「古野が緒方と語り、（田中）都吉はそれに沿って動いただけだ。代案も、古野が緒方に『あなたから（代案を）出してくれ』と頼み、そして緒方が出した[20]」と証言している。

それについて緒方は戦後に、「一元会社案（共同会社設立案）は行詰ったので、田中君や古野君から僕に『何か代案はないか』と言ってきた。それで僕は『資本制覇を除くのが真の狙いなら、なにも一元会社（共同会社）でなくとも、株の決議権を制限するとか、社外者が株を所有することを禁止するとか、方法はいくらでもあるではないか』と主張し、『なるほど、それで良かろう』というので、僕のこの案で進むことになり、一つの妥協案として（法令に基づいた統制団体）として、日本新聞会を作り、自治統制をすることになった[21]」と述べている。緒方は共同会社設立案の代案として、「新聞事業法要綱試案」という統制案を作成したが、発想の根幹に「朝日の創業者である村山一族の影響力を排除する」ことがあったのは明らかである。それを国家による統制として実現しようと意図したのである。

田中は全国紙の正力、山田、緒方の三者と会談し、「一元会社案（共同会社案）さえ撤回すれば、その他の問題は田中に一任する」という言質を得た[22]。こうした「舞台裏の根回し」の結果、「田中が、緒方の作成した案を下敷きに、理事長統裁（裁定）文を作成し、連盟理事長の権限で、統裁（裁定）を下し、事態を収拾する」という手順が水面下で合意された。

残る問題は、情報局および地方紙に対する説得である。古野は田中と共に情報局の奥村、吉積、松村と会談した。その時のことを、田中は「政府の姿勢もそう強くなかった。僕が『私が言う通りにやるか』と政府と軍部に念を押したら、『よろしい。やろう』という。奥村君は初め偉そうなことを言ったが、後は黙って一言も言わなかった[23]」と証言している。吉積にとって日米開戦はまさに目前に迫っており、共同会社設立案に固執して全国紙との軋轢が長期間継続する愚は避けたかった。それよりも、新聞統合を実現することが何より急務と判断したと思われる。奥村は「死を賭しても実現させて見せる」と啖呵を切っただけに、簡単には納得しなかったが、情報局と連盟のパイプ役である古野の言に従うより他に、選択肢はなかったのであろう。古野は、地方紙の森らとも会談したが、森も後ろ盾の古野の意向に従うより他なく、了承した。

十一月二十日の理事会は「田中の統裁（裁定）に、絶対服従する」ことを決定し、一任を取り付けた田中は、四日後の二十四日の理事会で、統裁（裁定）文を提示し、事態は収拾された。ただ同日の理事会では、根回しを知らなかった報知の三木だけが、「共同会社を設立すべし」と発言したが、同調する意見がなかったため、「三木はペテンにかけられたような格好になって『一体どうなっているんだ』と漏らした[24]」という。後に「政界の寝業師」の異名を取った三木だが、この時ばかりは一人蚊帳の外に置かれ、道化役を演じる格好となった。

四つの連動

田中の統裁（裁定）文は、十一月二十四日、理事会終了後直ちに「意見書」として政府（東條首相・兼内相宛）に提出された。情報局は、この田中意見書に沿って基本方針を策定し、二十八日の閣議で「新聞ノ戦時体制化ニ関スル件」と題する戦時の言論統制の基本方針を決定した。翌月十二月十三日には、それを具現化した新聞事業令を公布し、一九四二（昭和十七）年二月五日に日本新聞会が発足した。このように、戦時の言論統制は十二月八日の太平洋戦争開始を挟んで、慌ただしく方針が決定、実施された。

この一連の騒動を改めてまとめると、以下のような流れとなる。

①奥村（革新官僚）、古野（同盟社長）を中心に、「共同会社設立案」を作成
↓
②「共同会社案」は、全国紙の反対で頓挫
↓
③それに代わり緒方（朝日専務）が「新聞事業法要綱試案」を作成
↓
④田中（新聞連盟理事長）が緒方案に依拠して、「統裁文」を作成
↓
⑤田中は「統裁文」を「意見書」として、政府に答申
↓
⑥政府は「（田中）意見書」に依拠し、言論統制の基本方針「新聞ノ戦時体制化ニ関スル件」を閣議決定
↓
⑦政府は基本方針を踏まえて、「新聞事業令」を制定、公布
↓
⑧事業令に基づき、統制団体「日本新聞会」（新聞メディアで構成）を設立
↓
⑨日本新聞会が、統制を実施

一社に統合する共同会社設立案は挫折したものの、緒方案に基づき田中意見書が作成され、田中意見書から政府の戦時統制の基本方針が決定され、そして基本方針を具現化して、「戦時の言

論統制の基本法令」と称された新聞事業令が制定されるという、連動したプロセスが浮かび上がってくる。（205頁〜、史料Ⅱ「新聞事業法要綱試案」（緒方案）、「政府ニ提出シタ文書」（田中意見書）、「新聞ノ戦時体制化ニ関スル件」（政府基本方針）、「新聞事業令」）

緒方案は、政府が新聞社の監督権、設立の許可権および解散権を有することを認める一方で、既存の新聞連盟を改組した「自治統制機関」を新設し、新聞メディア自身が統制を行うことを提案している。しかし緒方案の最大のポイントは、「資本と経営の分離」の具体策を盛り込んだことだ。新聞社の代表者、編集責任者の適格条件を厳しく定め、同時に、株式の社内持ち株制、社員株主の議決権の行使、配当の制限などを挙げた。そしてこれらを盛り込んだ「新聞事業法」の制定を提言している。実際に施行された「新聞事業令」の「新聞事業」という名称は、同法令を制定した内閣情報局が、緒方案を参考にしたことを裏付けるものである。

田中意見書は、緒方の「僕の案で進むことになり」という発言を裏付けるように、「既存の新聞連盟を強化した新たな統制機関を設立して官庁権限を委譲する」「統制機関は、新聞社の整理統合を自らの事業として行う」と新たな統制会の設立を挙げ、さらに「新聞社設立は従来の届け出制ではなく、許可制とする」「株式の所有は、社員に限る社内持ち株制度とする」「株式の配当に制限を加える」「新聞経営者の資格を厳格化する」——と緒方案と同様の内容を盛り込んでいる。

こうして緒方案をベースに作られた田中意見書は、焦点の新聞共同会社について「全国新聞社ノ資本ヲ合同スルヲ以テ最モ徹底セル方途ナリト認メタル」としながらも、「之ガ実行ニ関シ難点ヲ予見セラルルニヨリ、迅速処理ヲ要スル現下ノ情勢ニ鑑ミ別紙ノ通リ立案致」と設立を見送る考えを示している。その上で「各新聞社ハ其ノ資産金又ハ発行部数ノ何レカヲ基準トスル共同会社（仮称）ヲ組織シ財政的処理ノ機関タラシム」と記しているが、これは名称こそ同じでも、共同会社は単なる財政的処理機関に過ぎず、実質的には見送ることを意味している。政府の基本方針「新聞ノ戦時体制化ニ関スル件」も共同会社の設立に言及しているが、同様に「財政的処理機関」としている。これも田中意見書との関連を裏付けるものだ。

共同会社は結局設立されることはなかったが、なぜ田中は意見書に盛り込んだのか。共同会社設立を盛り込んだ小委員会案の作成には田中自身も参画しており、また奥村が「死を賭しても実現させて見せる」と激語したということもあり、情報局側の「面子」に配意し、案文の中に盛り込んだと見られる。共同会社を設立しなくても、統制を実現することが出来るという判断によるものであろう。

政府が閣議決定した戦時言論統制の基本方針（「新聞ノ戦時体制化ニ関スル件」）は、「連盟理事長田中都吉の名を以てせる政府への回答案こそ、勅令・新聞事業令及び日本新聞会生誕の萌芽となった」[25]と指摘されているように、田中意見書を全面的に取り入れたものだ。また「記者クラブの整理」「記者の登録制や育成」は、緒方案の「新聞記者法を制定し新聞記者の資質改善を図る」を受けている。

内閣情報局の谷正之総裁は、帝国議会での審議で、基本方針に基づいて公布された新聞事業令の制定について、「政府は（新聞の規律）実現の方途を講ずる必要を痛感せらるるに至る。偶々《たまたま》、新聞界に於いても自らの体制を強化せんとの空気漸次有力化し来たり、新聞連盟に於いて新聞新体制に関する意見書を作成し、急速之が実現方を政府に要請して参ったのであります。政府に於いても、此の意見を諒とし、十分之を参考とし、新聞の国策的使命達成上遺憾なからしむよう本要綱（新聞事業令）を制定し、速やかに之が実施をなさんとするものであります」[26]と政府の姿勢を明らかにしている。

また情報局第二部長の吉積も、事業令を公布した一九四一年十二月十三日夜、ラジオ放送に出演し、次のように発言して国民に理解を求めている。

「現在の日本の姿は申すまでもなく朝野一体であり、官民一体である。朝野に分かれて論陣を張る時代は過ぎ去った。細かいことや下らぬことを暴露したりするのが言論の任務ではない。社会の木鐸としての矜持をもって邁進することが言論界の最大任務である。新聞連盟は最近、新聞の新体制に関する根本問題について、政府に意見を具申して来た。新聞界の人々が過去の複雑なる経緯を超越して、政府の命令によらず、率先この挙に出たことは、新聞界の英断である。政府は、この新体制を促進するための根拠を与える必要を認め、この度、勅令を公布した。新聞界の人々は徒に架空の理想に走らず、過去の因襲に捉われず、自社、個人の利害を超越して粛々実行に移して行くことと考えるが、一般国民諸君も十分の御協力をお願いしたい」[27]

政府批判の論陣を張ったり、不正を暴露することが言論の任務ではない。本来の社会の木鐸の姿は官民一体だ、と言い切ったところが極めて印象的だが、これを自らの提案で推し進めたのが新聞であった。

新聞側が意見書を作成し、これを参考に政府が統制方針や新聞事業令を制定したという内容は、必ずしも虚偽の説明ではなかった。それは、国家とメディアが、「上からの統制と下からの参加という二つの契機が同時に作動し、絡み合った」ことを象徴していることに他ならない。新聞事業令制定から三年を経た一九四四年七月、朝日副社長の緒方が、「言論統制の総本山」と称された情報局の総裁に就任したのも、自然な流れであった。

削られた「統制」の文字

一九四一（昭和十六）年十二月十三日、東條内閣は新聞事業令を勅令公布した。法令は、公布直前の同月十日、帝国議会の国家総動員法審議会の審議に付された。その席で審議委員の中島彌団次議員は「この案は言論の自由を奪うものだ」という反対意見を述べたが、その最中にマレー沖海戦の勝報が伝えられ議場は総立ちとなり、中島も反対演説を中止し、同法令案は「劇的な空気の中に全会一致で可決した[28]」という。

事業令は、「国家総動員法ニ基ク勅令ニ依リ急速之ガ実施ヲ為ス」というように国家総動員法に基づいた委任立法である。だが統制を定めたにもかかわらず、法令の名前からは「統制」という言葉が省かれている。

連盟理事長の田中は「政府も新聞に対しては、他の産業は勿論、雑誌出版界に対するやり方と全く趣を異にし、名称も統制という言葉を用いず、新聞会とするという風であった[29]」と証言している。連盟事務局長の岡村も「政府は『新聞統制会』でやってくれと言うんです。どこの団体も鉄鋼統制会とか繊維統制会と謳っていましたから。僕は（懇意だった情報局第二部一課長の）松村に、『新聞統制会としたら国民が、新聞まで統制されている。統制されている新聞に書いてあることが当てになるかと思う。言論人として耐えがたい恥辱だから統制を外してくれ』と頼んだ」[30]と、経緯を明らかにしている。

こうして制定された事業令は、①新聞事業者に対し、新聞事業の譲渡、譲受、合併を命じる強制権限（第四条）②言論統制団体の設立を命じる（第六条）――を二本柱とし、十二条から成っている。「新聞事業」を「時事ニ関スル事項ヲ掲載スル新聞紙ノ発行ヲ目的トスル事業」と定義し、統制団体の目的を「新聞事業ノ綜合的統制運営ヲ図リ且新聞事業ニ関スル国策ノ立案及遂行ニ協力スルコト」（第六条）と定めている。さらに統制団体が行う事業（第七条）について、①新聞事業の運営に関する統制指導、②新聞事業の整備に関する指導助成、③新聞共同販売の指導助成、④新聞記者の登録、養成訓練の実施、⑤新聞用紙、その他の資材の配給の調整、⑥新聞事業の向上に関する調査研究――などを挙げている。

第一の柱の、統制団体を設立する意図は、政府の基本方針（「新聞ノ戦時体制化ニ関スル件」）で「新聞ニ関スル指導監督ノ一部ハ統制会ニ委譲実施セシム」で記したように、政府の言論統制の権限を、新たに設立する統制団体に委ねて、代行させることにあった。

このように統制を、被対象者である業界自身に委ね、代行させる方式は、「重要産業団体令」（一九四一年八月三十日公布）に基づき設立された鉄鋼統制会など七業種十二部門の経済産業業界の統制会で、既に実施されていた。これをモデルとして同様の方式が、新聞事業についても行われたのである。

第二の柱の、新聞の統廃合強制権限は、国策目標の「一県一紙体制」が進んでいないことを念頭に置いたものだ。事業令が公布された時点（一九四一年十二月十三日現在）で一県一紙が完成していたのは、十九県に過ぎなかった。進んでいないのは「政府に統廃合を命じる強制権限を認める法令が存在しないため」と判断したものだ。このため、事業令には「事業の譲渡、譲受、合併を命令する権限」（第四条）の他に、「命令、裁定に従わない事業主に対し、事業の廃止、休止を命じる権限」（第五条）という罰則規定も盛り込んだ。

こうした強い権限が盛り込まれた結果、一県一紙は急激に進んだ。命令に従わず廃止を命じる権限が発動された事例はなかったが、それは対象新聞に「抵抗しても無駄」という大きな心理的圧力を与えたためで、事業令が制定公布されただけで、十分な効果が発揮されたのである。

日本新聞会という「私設新聞省」

政府は事業令に基づき、一九四二（昭和十七）年一月十日、「内閣・内務省告示」で日本新聞会の設立を命じた。既存の日本新聞連盟は解散され、新たに日本新聞会が同年二月五日に設立総会を行い、同月十一日（「紀元節」を期して）業務を開始した。

設立総会を開いた日の夜、東條首相は総会出席者全員を首相官邸に招き晩餐会を催した。席上、東條は「会長には、新聞連盟理事長の田中都吉を任命する」と発表した。会長候補は連盟の理事会が無記名連記投票を行い、田中の他に古野伊之助、緒方竹虎、徳富蘇峰（毎日最高顧問）、城戸元亮（前報知顧問）、小山松寿（名古屋新聞社長）の五人を候補として政府に意見具申しており[31]、政府がこの中から会長を選任する形が取られた。

席上、東條は次のように発言している。

「今日国運を賭する大戦争を完遂して、大東亜永遠の安定を築き上げんがためには、国内の産業、経済、文化、あらゆるものを国策に即応集中し、国家の総力を挙げて最高度に発揮するよう努めなければならぬ。国論指導の重責を有する新聞の使命は一層その重大性を加うると言わねばならぬ。我国の新聞界は過去においては、本来の公器たるべき使命に背馳するかの如き観を呈したこともないではなかったが、今や諸君においては徒に常套に捉われず、時代の要求に即応し、公正妥当なる態度を以てこれが運営に万全を期し、新聞界の歴史に一新紀元を期せんとしておられるのである。政府においても新時代に即して新聞事業の発展を助長し、紙面には潑剌性を加え、益々それぞれの特異性を発揮する如く指導する所存である。政府と相携えて新聞界の飛躍的発展を具現されんことを希望して止まぬ[32]」

新聞界の発展を祝しながらも、言葉の端々に脅しを含んだ言い回しを交え、協力を要請した。

新聞会は、新聞連盟が業界の自主的統制団体であったのとは異なり、法令に基づいた統制団体で、「国策代行執行機関」として公的権限を有したことが最大の特徴である。連盟では「協議機関」を建前とし、会員である新聞の代表者が議論のもと全会一致で事が決められた。これに対し、新聞会は会長の裁定命令で全て行われ、罰則として廃刊、休刊という新聞にとっての「極刑」までも科せられた。

当時（一九四二年四月）発刊された『日本新聞会の解説』には、「今ぞ世紀の脚光を浴びた日本新聞会こそ、待望久しき『私設新聞省』である。（新聞会は）個人主義、自由主義的な秩序の根源を絶ち、そして全体を愛し、国家を最優先とする体制に帰一するのである」と記され、「その要諦は新聞事業令という法規と強大な権限を付与された会長の手腕に重点が置かれる」[33]と解説している。統制は、会長が会員である新聞各紙の意見を聴取して原案を作成し、内閣情報局の了承を経て決定する、というプロセスが採られた。

会の組織として、社長級で構成する評議員会も置かれた。新聞連盟では社長級で構成する理事会が決定権を有していたが、新聞会の評議会は単なる「諮問機関」でしかなく、さらに政府側の情報局次長、情報局第一、二、三、四部長および内務省警保局長の六人が「参与」として参加した。

実際の運営は、会長を補佐する新聞会の事務局が、会を主導した。その顔触れは、会長・田中都吉（中外商業新報）、理事長・不破瑳磨太（電通）、理事・岡村二一（同盟）、浦忠倫（福岡日日）と、いずれも古野と関係が深い人物で固められた。不破は同盟から電通へ移った人物で、岡村と同じように聯合以来の古野の腹心である。浦は陸軍経理学校卒の主計将校から福岡日日へ入社した。情報局の吉積、松村とは陸軍時代からの知り合いで、古野とは福岡日日幹部として懇意であった。[34]

新聞会は自ら、統制の具体策を盛り込んだ「統制規程」を策定し、実施した。規程は、冒頭に「これは会員の事業をいかに統制し、いかに指導するかの基準を大綱的に規定した基本的指針であり、会員社は之に遵則しなければならぬ。若し反則すれば国家総動員法に抵触するものである」[35]と明記し、新聞の使命を「新聞事業に従事する者は　新聞の国家的使命を体し　其の公器たる性格を確立昂揚すべし」と強調している。これは『日本新聞会の解説』によると「新聞事業は紙面から見ても、経営の側面から見ても立派な公の機関たるに恥じざるよう、明朗にして力強いものにしなければならない。それには人も組織も従来の個人主義、営利本位的なものを根底から清掃して、新聞の本質に帰らねばならない」[36]というものであった。

資本と経営の分離

新聞会は存続した約三年間、戦時下とは言え、「与えられた権力を、軍が行ったような勢を以て（自ら）実行した」[37]。統制の対象者が「国策代行執行機関」であることを誇り、自ら統制を実施したのである。

そうした統制の一つに、社内持ち株制がある。一九四二（昭和十七）年三月当時、地方紙では、社外の株主を持たない新聞は一社もなく、全国の新聞社の株式の総計は、社外株主七〇％に対し、社内株主三〇％という割合であった[38]。これを「新聞を公器たらしめるには、外部からの介入を排除して、新聞社自らが株式を保有し、経営することが必要だ」を名分とし、株式は全て社員が保有するように改めるという統制を行った。

改編は「六カ月以内ニ　之ヲ行ウベキ」ことが求められ、新聞各紙は社外株の回収を実施した。毎日は王子製紙など社外株式が七三・四％と多く、「株主に説明して理解を求め、額面金額にプレミアムをつけて全部の社外株を回収しようとしたが、実際問題として社にはすぐそれだけの金額を負担する資金力がない」という問題が起きた。[39] このため同年九月に公益法人「毎日会」を設けて、同会が株式を回収、保有するという工夫をこらした。地方紙も多くは社外株回収の資金がなく、その場合は県当局が社外株主に無償提供を求め、あるいは銀行に新聞社への融資を働き掛けるなど協力した。こうした結果、翌四三年七月までに、ほぼ全ての新聞社の株式は社内持ち株となった。[40] この社内持ち株制は現在も継続されている。

この改編の真の狙いは、緒方案に盛り込まれた「資本と経営の分離」にあった。社内株主は、朝日をはじめ多くの場合新聞では創業者一族が大株主（資本家）であり、社長（経営者）として直接経営に当たり編集に関与し、「資本、経営、編集」の結合を維持していた。これを大株主の経営関与を封じるようにするというもので、その手始めとして社外株主の排除を意図した。しかし、資本と経営を創業者一族が掌握する多くの新聞は、一致して難色を示した。このため、改編は社外株主の排除だけという中途半端なものに留まった。

これと併せて新聞会は、大株主の議決権を制限する統制も企図したが、これも同様に「成ベク最小限度ニ制限」という曖昧なものに留まった。新聞会の会長が強大な権限で統制を実施するとは言っても、業界全体の声を無視して強行することは、実際には出来なかった。つまり新聞会という統制団体は、私企業である新聞社で構成する業界団体であり、統制には限界が存在したのである。

発表を待つだけの記者

一般記者に対しては、記者登録制と錬成を課している。記者登録制は、先の政府の基本方針「新聞ノ戦時体制化ニ関スル件」の中で、「新聞記者ノ採用ハ統制会ヲシテ審査登録セシム」と記されたことを受けたものだ。記者登録制度はイタリアで一九二三年七月に実施され、ドイツでは三三年十月に登録制度を含む「記者法」を制定し、二十一歳以上でドイツ国籍「アーリア人種」の血統、ユダヤ人と結婚していないことを条件として定めている。制度の実施は、直接的には、先に指摘したように満州国が一九四一（昭和十六）年八月に「記者法」を制定していたことをモデルとした。これもまた満州の実験を内地である日本へ持ち込んだ例の一つである。

新聞会は、一九四二年七月一日、「新聞記者の品位向上と地位の保証を確保する」ことを名分として、「記者規程」を制定、実施した。新聞会の記者登録制に対する考えは、「重大な使命を持っている記者に対して、国家が資格条件を定めていなかったことは随分間の抜けた話である。弁護士、医師、按摩や女給娼妓に至るまで一定の審査を行い、鑑札を要するのに対し、（新聞の）社長が採用すると言えば無学であろうが、破産者、性格破綻者であろうが誰でも記者に成れるというように放置されてきた。何等かの規正をするのは当然である。そこで新聞会は主務官庁の意を受けて記者規程を制定した。徳富蘇峰、杉村楚人冠《そじんかん》氏などは勿論、菊池寛、久米正雄氏なども記者資格をくれと請求しているが、菊池寛、果たして記者なりやという議論が出ている」[41]という。

「記者規程」は、記者の「条件」を定め、①帝国臣民にして成年者たること、②国体観念を明徴にし、記者の国家的使命を明確に把握し、且常に品性を保持し、公正廉直の者たること――と、

記者登録現況

1944(昭和19)年8月現在

	申請者	登録者	不認定者	不認定の主要理由			
				応召	外地	思想前歴	前科
朝日	1,662	1,474	188	1	105	0	0
毎日	1,736	1,522	214	4	77	7	2
読売	811	717	94	20	36	5	0
同盟	1,128	889	239	1	152	2	1
その他	3,844	3,449	395	17	19	25	28
総計	9,181	8,051	1,130	43	389	39	31

(出典)『朝日新聞社史 大正・昭和戦前編』

ドイツ、満州と同様に国籍および思想を基準とした。さらに「高等専門学校以上の卒業者又は必要なる知識経験ありと認むる者たること」と、余地は残しながらも「学歴」を条件としている。また「営利事業に従事せざる者たること」も条件に掲げている。これは、記者の「公的」立場を保持するもので、ドイツや満州に見られない基準である。

登録は、新聞各紙が申請⇓新聞会が審査⇓当局（情報局、内務省）が精査⇓新聞会が記者登録証を交付⇓登録名簿に記載――という流れで行われた。一九四四年は、約九一八一人が申請、八〇五一人を認定した。認定されなかった約一一〇〇人余は、応召や、外地に在住中の場合が多数だが、思想前歴があり、非転向の者は内務省の調査で保留となることもあった[42]。つまり、登録は、国家にとっても、会社にとっても管理し易い記者の確保を意味していた。

新聞会は、「記者練成所要綱」を定めて、記者を教育することにも力を入れた。「記者に対し、新聞の国家的公器たるの理念を徹底せしめ、国家的使命遂行に枢要なる基礎的教育を授け、日本精神の体得と身体の鍛錬を図る」ことを目標に掲げて、「国体の本義体得」「日本精神の錬磨」「国防国家の理論と政策の研究」「新聞の理念と国家的使命の把握」を重点とした教育を施した[43]。新聞社から一名、三十歳以下の記者を集め、「日本の伝統」（和辻哲郎）、「近世勤皇思想」（平泉澄）、「日本偉人論」（安岡正篤）、「日本武将論」（吉川英治）、「日本文学論」（保田與重郎）、「米英東亜侵略史論」（大川周明）、「大東亜広域経済論」（蜷川虎三）、「大東亜戦完遂」（佐藤賢了陸軍少将[44]）などの講義が行われた。こうした練成は「精神的にも肉体的にも弾力性のある新聞人が、固く団結して新聞報国に挺身する壮観を想うべきである[45]」と位置付けられた。

また新聞会は、新聞連盟で改編した記者倶楽部について「記者倶楽部には未だ自治権が残存している」として、管理を徹底強化するため、記者倶楽部の再々編を企図した。具体的には、①記者倶楽部の構成社は極度に限定し、全国を通じ十社を標準とする、②記者倶楽部へ派遣し得る記者人員は一社四名以内とする、③記者倶楽部内の記事協定など、その他新聞社を拘束する問題は、全て新聞会を経るものでなければ実効性を持たない、④会員、あるいは構成社に対する処罰は、記者会単独でこれを行ってはならず、全て新聞会の承認を要する――を骨子としている[46]。

新聞会はこれを情報局に提言し、政府は一九四二年十一月十一日に次官会議で、中央省庁の記者倶楽部を再々編するため、以下のような「官庁記者会再編要領」を決定した[47]。

官庁記者会再編要領

一、各庁記者会ハ　左記各社ヲ以テ構成ス　但シ当該官庁並ニ日本新聞会ニ於テ特ニ承認シタル社ハ加入セシムルコトアルモノトス

1、同盟通信社　2、朝日新聞社　3、東京日日（大阪毎日）新聞社　4、読売新聞社　5、東京新聞社　6、日本産業経済新聞社　7、中部日本新聞社　8、西日本新聞社　9、北海道新聞社　10、大阪（産業経済）新聞社

右構成社ト雖モ　当該官庁ニ記者ヲ常置セザルモノハ　其ノ資格ヲ喪失スルモノトス

会員数ハ一社ニツキ各官庁四名以内トシ　内二名以内ヲ常置セシムルコト

但シ当該官庁ノ特殊事情其他ニ依リ増減スルコトヲ得

構成社及定員ヲ増減セントスルトキハ当該官庁ハ情報局ト協議スルモノトス

この記者倶楽部の再々編について『新聞総覧』（一九四三年版）は、「新聞記事取材史に於ける大変革というも過言ではない。更生したことにより、記者倶楽部、官庁、新聞社は三位一体的協力体制を具現する結果を招き、戦時下にふさわしい取材網の一新を見るに至った」と、先の新聞連盟における記者倶楽部の再編と同様に高く評価している。この「記者倶楽部、官庁、新聞社の三位一体的協力体制」とは、記者および新聞社が宣伝組織として挙げて戦争へ参加することを意味しており、それは積極的統制の完成に他ならない。

戦時下に形成された記者倶楽部の形態は、現在の「記者クラブ」としてそのまま継続されている。記者倶楽部が完全に当局の管理下に組み入れられたことの弊害を、伊藤正徳は「自由取材は記者を記者たらしめる根本の要素である。（しかし、記者倶楽部によって）記者は自ら動く必要もなく、また動いても意味をなさなくなった。『記者は足で書くのだ』と教えられた大正時代の記者訓などは、出鱈目の言葉としか受け取られないようになった。記者はただ『発表』を待っていればよかった。共同会見で軍人或は官憲の言う通りに筆記すれば十分であった。（中略）この習性が記者を横着にし、記者らしさを剝奪したばかりでなく、第二に記者の筆を折ってしまった」と指摘している。[48] 戦時期に醸成された「ただ発表を待つ」などという記者の意識も現在に繫がっていないだろうか。

売り上げを伸ばした共販制

新聞会は共販制についても、新聞連盟で実施された組合制販売所の形態は「各新聞社の集合体である上、一社でも反対があると何も決められない。さらに地区組合の独立性が強く、中央本部の威令が届かない」として、一九四二（昭和十七）年十月二十六日、「社団法人・日本新聞配給会」を設立した。共販制を実施した際には「中央本部が指示を下すという統治型の組織を避けた」という配慮がなされたが、逆に中央本部の強力な指導で進めるように改編した。

配給会は「中央本部」を頂点とし、全国を九地区に分けて「地区本部」を置き、その下に「道府県支部」を設けて、支部が「販売所」を指揮監督する形態そのものは従来同様としたが、「中央本部」の権限を強化し、上の指令が末端の「販売所」まで届く上意下達を徹底した点が特徴だ。新聞の販売権は各新聞ではなく配給会へ移行され、配給会が購読者との販売契約や販売所の改廃など全てを取り仕切った。配給会の初代理事長には毎日常務の七海又三郎が就き、各社の販売関係社員が社籍を離れて配給会へ出向し、「共販制を実効あるものにするには各社の自社意識を払拭せねばならない。配給会へ出向する者は、本社との絆を絶つため社籍を離れることが理想とされた[49]」という。

共販制の実施によって、全国紙の地方への進出は完全に抑制された。だが、全国紙も決して部数が減少したわけではなく、新聞総体として部数は伸長した。戦争に関する情報を知りたいという購読者が急増し、購読者の底辺が広がったためで、「何もしなくとも、客の方から押しかけて新聞を求め、戦時インフレの大波が押し寄せた。こうした『売り大名』の傾向の中、小役人気取りの販売所も現れた[50]」という。

南方占領地での宣撫と指導

新聞会が行った事業の中で特異なものに、日本軍の東南アジア占領地での新聞発刊がある。これは、陸軍から新聞会に相談があり、新聞会は内閣情報局と相談し陸軍に意見を具申した。接収した現地の新聞を活用し、「現地駐留の部隊兵士や一般邦人に、内地同様の新聞を提供する他に、現地語を通じ現地住民の宣撫や指導強化」を意図したもので、既に中国占領地で同盟や朝日が行っている新聞発刊がモデルとなっている。陸軍は、新聞会の意見具申を踏まえて、一九四二(昭和十七）年九月、「南方占領地域ニ於ケル通信社及ビ新聞社工作処理要領」という軍命令を発令した。同盟は南方軍総司令部が置かれたシンガポール、マレー、北ボルネオ、スマトラ、朝日はジャワ、毎日はフィリピン、読売はビルマと担当地域が割り当てられた。続いて海軍も同年十一月に「南方海軍軍政地域の文化工作」を目的に、朝日は南ボルネオ、毎日はセレベス、読売はセラムと担当を命じた。

命令を受けた同盟および全国三紙は、それぞれ現地で新聞発刊作業を展開した。同盟には北海道、河北、中日、西日本らの有力地方紙十三紙が参加し、邦字、英語、中国語、マレー語の十六もの新聞を発刊した。これらの派遣された各社の記者達は悪化する戦局の中、多くが戦死、自決するという悲惨な結果を生んでいる。

この新聞発刊で、同盟と全国三紙が改めて激しい対立を演じた。現地での新聞作成に不可欠な無線使用について軍は「現地での各社の電信（無線）の使用を、軍事上制限する。これらの新聞作成のための現地と内地（日本）の電信（無線）使用は、同盟のみに限定し、全国三紙は同盟の無線を使用する」と命令した。これに全国紙は揃って「軍に協力しているにもかかわらず、同盟の無線独占は許し難い。これは古野伊之助の陰謀に相違ない」と反発したが、結局、軍の命令通り同盟に限定され、全国三紙は古野、同盟への反感を一層強めた。

史料Ⅰ

小委員会案

第一　新聞共同会社設立案

一、名称　新聞共同会社（仮称）

二、目的　新聞の国家的公器たる性格に鑑み我国新聞界の智能、技術、施設一切を総動員して良き新聞の製作とその普及徹底を期す

三、組織　新聞共同会社のため特別法を制定し新聞の公益事業たる性格を明確にす、但し右特別法の公布を見る迄は株式会社の形式に依る

四、資本金　約□円（※）

五、株式　全国各日刊新聞社の発行権並に有体財産（土地、建物、印刷機）を共同会社に帰属せしむ。之れに対し各新聞社の発行部数、有体財産並に営業成績を総合評価し、その評価に相当する株式を当該新聞社に交付す（右株式の配当保証並に株式による金融に就ては政府の斡旋を期待す）

六、役員　役員は左の方法により選出す、但し其の任命には政府の同意を要す

（ア）全国各日刊新聞社の代表者中より地域別に互選されたる者

（イ）右の役員の合議により推薦せられたる者

七、事業

（ア）全国日刊新聞の経営は之を各新聞社に委托す

（イ）新聞社の統合並に新設

（ウ）新聞業務の助成並に指導

（エ）新聞用紙其他資材の調整

（オ）其他本会社の目的を達するに必要なる事項

八、新聞経営　現在の各日刊新聞社は之を改組し現業重役幹部社員のみを以て新たに法人を組織す、該法人は共同会社との委托契約により引続き従来の題号の下に新聞の経営

に当たる

各新聞社は発行部数に比例する一定の対価及び利益の□パーセントを共同会社に納付す（※）

第二　全国新聞分布案

全国に於ける新聞社の分布を左の如く定む

（ア）東京　五社以内（内一社は経済産業新聞とす）

（イ）大阪　四社以内（内一社は経済産業新聞とす）

（ウ）福岡　三社以内（支社を含む）

（エ）愛知　二社以内（出来得れば一社）

（オ）其他の各道府県は原則として一社とす（但し地方の特殊事情により別途考慮す）

以上

注（※）□は空欄

出典　『情報局関係資料』第六巻

◎新聞新体制要綱案　一六・一〇・三〇

一、世界の各国は今やその好むと好まざるとに論なく英米中心の世界制覇維持か、世界三分の新秩序確立か、二途その何れかを選ぶべき分水嶺に立っている。この世界未曾有の変局に直面して、我日本は大東亜共栄圏の確立を以て帝国不動の国是とし、有らゆる艱難を突破して之れが実現を期せんとするのである。

二、外に大東亜共栄圏を確立せんとする以上、内に先ず高度国防国家の体制を実現強化することが絶対不可欠の要件である。

三、内に高度国防国家の体制を確立強化せんとするには、従来の自由主義、個人主義、資本主義的思潮に基く分裂、対立、抗争の観念を根本的に精算して、統制主義、全体主義、国家主義的思潮に基く共同、協力、団結の意識を昂揚し、以て挙国一体、智能も、技術も、労力も、資材も、産業も国家の有らゆる能力と資源は挙げてこれを動員しなくてはならない。

四、五十年の歴史を以て国内に対立抗争を続けて来た政党は解体した。数十年来営利第一主義を唯一の目標として苦心経営して来た各種の産業すら国家目的完遂のため、各々その新体制を整えつつある。況んや内外輿論の原動力として、最高度の国家的使命と公共的任務を担当する新聞事業に於てをや。

五、新聞社は、その報道と言論とによって、内に在りては国民の思潮を形成し、輿論を左右すると共に、外に対しては国論を反映し、国是を宣明する国家の公器であり、社会の木鐸である。

新聞こそ他に率先して、それ自体の新体制を確立し、全国民を率いて政府の当局と共に、国の内外に対する国策の樹立と遂行に協力し、以て他にその範を示さなくてはならぬ。

六、新聞新体制の重点は新聞が最高度の国家性公益性を有する事業である本質に鑑み、新聞をして資本制覇又は営利第一主義の対象物たらしめてはならない。

七、新聞の基礎は国民大衆に対し強大なる宣伝力を有する点にある。従って新聞の国営又は官有は、その機能を滅却する恐あり、新聞は飽迄も民有民営でなくてはならない。

八、民有民営であるためには適度の営利を認めなくてはならない。適度の営利とは公益奉仕、宣伝力強化、設備改善、営業員の向上等を実現し得るを以て限度とする。

九、民有民営の形態としては各新聞毎に個人、組合、会社等種々の組織を考え得るも何れも資本制覇乃至営利第一主義の弊に陥り易し。

（此点が本案の真髄なり若し此弊に陥らざる妙案他にあらば本案を修正するに躊躇せず）

十、茲に於て考えらるる唯一の途は新聞界の共有物とするにある。共有を実現する方法としては各新聞社の資本を打って一丸とするの外なし。資本合同の方法としては細目は別とし本案の如き考案を立つるの外なし。

十一、共有の目的は新聞の冒瀆に非ず。否、益々新聞の公益的機能を発揚せしむることを以て資本合同後の各新聞の運営は新聞人の創意と経験と努力を活用する為め主として在来の新聞名の下に在来の経営者、従業者の手によりこれを行わしむるは当然である。

十二、此の場合に於て或は新聞の生彩を滅却し、又新聞の性格を歪曲するが如き惧れなしとせざるも之れは単なる過渡的の現象にして、一旦新形態の下に新理念確立せば真の意味に於ける新聞人が智能を傾けて「良き新聞」の運営に当り、全国新聞の間に「良き新聞」製作の為め健全なる競争が展開さるべきは必至なり。

十三、尤も旧態に慣熟し新形態に妙味を感ぜざる若干の人士、（主として経営者又は営業関係者ならん）は新聞界より退却することとなるべきも如斯は必ずしも新聞界にとりて不幸と言うべからず。

十四、新聞は国家の公器にして新聞経営者又は従業者は国家の重要なる公益事業を担当する者なること明白化せるに鑑み、将来国家はこれに対し、諸種の特典を与うるを要す。これを例示すれば租税公課の免除または軽減、新聞人の生活安定制度確立（恩給または保険の如き）新聞人に対する国家の栄典賦与等である。

出典　『情報局関係資料』第六巻

史料 Ⅱ

◎**新聞事業法要綱試案**（緒方理事案）

一、新聞社
新聞社は新聞紙を発行して時事その他の報道並に註釈評論をなし、国民輿論の啓発と文化の向上を図るを以て目的となす

二、組織
新聞社は民間の出資による法人とす

三、許可主義
新聞社の設立はこれに公的性格を賦与するため許可主義とす

四、新聞社の代表者及び編輯責任者
新聞の公的性格に鑑み新聞社の代表者又は編輯責任者に適格条件を設く
（例えば、左の各号の一に該当する者は欠格者とすという如き）

（イ）帝国臣民たる国籍を有せざる者
（ロ）陸海軍人にして現役又は召集中の者
（ハ）未成年者、禁治産者、准禁治産者
（ニ）破廉恥罪により刑に処せられたる者
（ホ）破産の宣告を受け又は公民権を停止せられ又は懲戒処分に付せられたる者にして未だ復権せざる者
（ヘ）本法により新聞紙発行の許可取消しを受けて未だ三年を経過せざる者
（ト）十個年以上現業の経験を有せざる者

五、兼業禁止
新聞社の代表者又は編輯責任者は新聞の公的性格に鑑み他の営利事業に関係するを得ず

六、株式に関する諸制限
（イ）新聞社の株式は社内従業員（現業に従事する重役を含む）に於てその全部を保有すべきものとす
（ロ）新聞社の株主総会に於ける議決権は、新聞の公的性格に鑑み商法第二百四十一条第一

項但書の規定に依る

（ハ）新聞社の株主総会に於ける役員選挙については新聞の公的性格に鑑み商法第二百四十一条第一項の規定を拘束するの条項を定款中に設くることを得ざるものとす

七、配当制限

新聞社の株主配当は新聞の公的性格に鑑み金利程度を超ゆるを得ざるものとす

八、新聞の自治統制機関

（イ）各新聞社は政府に協力して言論の指導方針を議し、新聞紙面の刷新及びその公的性格を維持するため自治統制機関を設くること

（ロ）新聞社の自治統制機関は政府に協力して新聞事業に対する助成並に出資を為すこと

（ハ）右目的達成の為各新聞社は発行紙数に比例する一定の金額及び毎期利益の□パーセントを自治統制機関に納付すべきものとす

（※）

九、共同販売機関及び広告共同機関

各新聞社は非営利性確保の目的を以て共同販売に関する機関及び広告に関する共同機関を設くべきこと

十、政府は公益上必要と認むる時は新聞社の許可を取消し又その他の命令を発するを得るものとす

十一、新聞社は内閣総理大臣の監督を受くるものとす

十二、新聞の公的性格に鑑み政府は適当の特典を新聞に与うるものとす

追記

一、本法施行の際現に存する新聞社にして政府の許可を受くべき適格条件を具有しその定款の改正を要するものは□□個月以内に之を行うべきものとす（※）

二、新聞事業法と併行して新聞記者法を制定し新聞記者の資質改善を図ると共に公的性格を賦与するの要あり

註　（※）□は空欄

出典　『情報局関係資料』第六巻

「政府ニ提出シタ文書」（田中意見書）

昭和十六年十一月二十四日

新聞連盟

理事長　田中都吉

内閣総理大臣　東條英機殿

内務大臣　東條英機殿

新聞新体制ニ対シ別紙ノ通意見及提出候也

追而

一、別紙ノ意見中ニハ其実行ニ当リ法令ノ制定ヲ要スルモノ不尠ト存候ニ付此点ハ政府ニ於テ可然御措置相成度

二、本案ノ起案ニ当リテハ全国新聞社ノ資本ヲ合同スルヲ以テ最モ徹底セル方途ナリト認メタルモ之ガ実行ニ関シ難点ヲ予見セラルルニヨリ、迅速処理ヲ要スル現下ノ情勢ニ鑑ミ別紙ノ通リ立案致シ候モノニ付右御含ミ置キ相成度

【別紙】

一、新聞社ハ凡テ法人組織トシ其ノ株式又ハ出資ハ社内従業員（現業ニ従事スル重役ヲ含ム）ノミニヨリ保有スベキモノトス但シ此主旨ニヨリ現在ノ新聞社ヲ新法人ニ改組セシムル為メニハ適当ノ準備期間ヲ許容スル必要アリ

二、新聞社ノ経営ニハ適正利潤ヲ認ムルモ利潤ハ公益奉仕、設備改善、従業者向上等ノ為メ使用セシメ配当ハ一般国策会社ニ許容スル程度ニ制限ス

三、新聞社ノ設立ハ許可主義トシ其ノ首脳者ノ選任ニ一定ノ適格条件ヲ設ケ又首脳者及其他ノ役員ガ他ノ営利事業ニ従事スルコトヲ禁ズ

四、全国ノ新聞社ヲ強制加盟セシメタル統制機関トシテ現在ノ社団法人新聞聯盟ヲ強化シ之ガ監督官庁ヲ一元化シ之ニ衆議統裁ノ道ヲ開キ更ニ出来ル丈ケ官庁権限ヲ委譲スルト共ニ進ンデ新聞社相互間ノ買収合併投資又ハ新聞社ノ統合新設改組等ノ場合ニ於テ資本力ノ行使ヲ要スル時ハ凡テ新聞聯盟ノ承認ヲ受ケシムルカ又ハ新聞聯盟自体ノ事業トシテ之ヲ行ウ事トセシムルヲ要ス

五、各新聞社ハ其ノ資産、資本金又ハ発行部数ノ何レカヲ基準トスルカ或ハ其他ノ合理的方法ニヨリ一定ノ出資ヲナシ新聞共同会社（仮称）ヲ組織シ之ヲシテ新聞聯盟運営上必要ナル財政的処理ノ機関タラシム、共同会社ノ設立及機構ノ決定等ハ新聞聯盟之ニ当ル

六、新聞ガ国家ノ公器ナルト共ニ新聞事業ノ特有スル性質ニ鑑ミ政府ハ各新聞社ノ個性特色ヲ尊重シ常ニ新聞人ノ創意ト経験ヲ発揮活用セシムル様留意セラレタク特ニ新聞用紙及其他ノ資材ノ適正ナル供給ヲ計リ通信及輸送上ノ便宜ヲ与エ並ニ租税公課ノ負担ニツキ特例ヲ認ムル等新聞ノ国家的使命ニ適応スル様新聞事業ヲ待遇セラレタシ

出典　『情報局関係資料』第六巻

新聞ノ戦時体制化ニ関スル件（政府基本方針）

起案　昭和十六年十一月二十七日
閣議決定　昭和十六年十一月二十八日
通牒案　昭和十六年十一月二十八日
内閣書記官長

情報局総裁
内務大臣　宛（各通）
新聞ノ戦時体制化ニ関スル件別紙ノ通閣議決定相成候条依命此段及通達候

◎新聞ノ戦時体制化ニ関スル件（案）

一、新聞ノ統制
新聞ノ国家国民ノ公器タル本質ト内外情勢ノ重大化ニ鑑ミ、其ノ運営ヲシテ国家目的ニ合致セシムルヲ要ス、之ガ為左記ノ如ク措置ス

（一）新聞統制機構
1　新聞統制会ノ設立
右統制会ハ全国ノ新聞社ヲ強制加盟セシムル法人トシ、新聞ノ統合、合併、新設、資材ノ配給調整並ニ言論報道ニ関スル国策ノ遂行ニ協力スルト共ニ、国家目的ニ副ウ如ク経営及編輯ノ改善等ヲ企図ス
尚其ノ役員ハ政府ノ認可ヲ要ス
2　共同会社（仮称）ノ設立
右会社ハ統制会ノ業務ノ一部ヲ施行シ、其ノ機能ヲ発揮セシムル為必要ナル財政的処理機関トシ、統制会加盟各社ノ資産、資本金、発行部数等ヲ基準トシテ出資スル株式会社トス

（二）新聞ノ経営主体
1　新聞社ノ設立ハ許可主義ニ依ルコトトシ、其ノ首脳者ノ選任ニハ一定ノ適格条件ヲ設ク
2　新聞社ハ凡テ法人組織トシ其ノ株式又ハ出資ハ社内従業員（現業ニ従事スル重役ヲ含ム）ノミニ依リテ保有ス、但シ右ニ関シテハ相当ノ準備期間ヲ認ム
3　経営ニハ適正利潤ヲ認ムルモ、利潤ハ公益奉仕、設備改善、従業者向上等ノ為使用セシメ、配当ハ一般国策会社ニ許容スル程度ニ制限ス

（三）政府ノ監督
政府ハ統制会及各新聞社ノ指導監督ヲ行ウモ、新聞ニ関スル指導監督ノ一部ハ統制会ニ委譲実施セシム
以上ノ措置ハ国家総動員法ニ基ク勅令ニ依リ急速之ガ実施ヲ為ス

二、新聞記者クラブノ整理
機密ノ保持及報道宣伝ノ積極的指導ノ為現在ノ乱立無統制ナル記者クラブヲ左ノ要領ニ依リ整理ス
1　各省ニ於ケル従来ノ記者クラブヲ廃止シ新タニ新聞統制会（聯盟）ニ於テ記者会ヲ結成ス
2　右記者会ノ結成ハ統制会（聯盟）ト情報局及当該官庁ト連絡ノ上実施ス
3　政府ノ発表ハ原則トシテ右聯盟記者会ヲ通ジテ之ヲ為ス
本整理ニ際シ要スレバ転業ノ方途ニ付考慮ス

三、新聞記者ノ育成等
新聞ノ運営ニ従事スル新聞記者ノ品位向上ト地位ノ保障ヲ確保スル為左ノ措置ヲ講ズ
1　新聞統制会ノ事業トシテ新聞記者ノ養成訓練ヲ実施ス
2　新聞記者ノ採用ハ統制会ヲシテ審査登録セシム
3　共済施設等厚生施設ノ完備ヲ期ス、之ガ為政府ハ相当ノ補助ヲ考慮ス

出典『現代史資料　マス・メディア統制2』

新聞事業令

昭和十六年十二月十三日
勅令第千百七号

第一条　国家総動員法第十六条ノ三ノ規定ニ基ク新聞事業ノ開始、委託、共同経営、譲渡、廃止又ハ休止ニ関スル命令及新聞事業ヲ行ウ法人ノ目的変更、合併又ハ解散ニ関スル命令、同法第十八条ノ規定ニ基ク新聞事業ノ統制ヲ目的トスル団体ノ設立等ニ関スル命令及当該団体ニ関シ必要ナル事項並ニ同法第十八条ノ三ノ規定ニ基ク新聞事業ノ譲渡又ハ新聞事業ヲ営ム会社ノ合併ニ付テノ租税ノ軽減ニ付テハ本令ノ定ムル所ニ依ル

第二条　本令ニ於テ新聞事業ト称スルハ時事ニ関スル事項ヲ掲載スル新聞紙ノ発行ヲ目的トスル事業ニシテ命令ヲ以テ定ムルモノヲ謂ウ

第三条　新聞事業ヲ開始セントスル者ハ主務大臣ノ許可ヲ受クベシ新聞事業主其ノ事業ノ委託、共同経営、譲渡、廃止又ハ休止ヲ為サントスルトキ亦同ジ

新聞事業ヲ行ウ法人ノ目的変更、合併又ハ解散ノ決議ハ主務大臣ノ認可ヲ受クルニ非ザレバ其ノ効力ヲ生ゼズ

第一項ノ許可及前項ノ許可ニ関シ必要ナル事項ハ命令ヲ以テ之ヲ定ム

第四条　主務大臣新聞事業ノ整備ノ為必要アリト認ムルトキハ命令ノ定ムル所ニ依リ新聞事業主ニ対シ事業ノ譲渡若ハ譲受又ハ会社ノ合併ヲ命ズルコトヲ得

前項ノ場合ニ於ケル譲渡又ハ合併ノ条件ハ当事者間ノ協議ニ依ル其ノ協議調ワズ又ハ協議ヲ為スコト能ワザルトキハ主務大臣之ヲ裁定ス

前項ノ協議ハ主務大臣ノ認可ヲ受クルニ非ザレバ其ノ効力ヲ生ゼズ

第五条　左ノ各号ノ一ニ該当スルトキハ主務大臣ハ当該新聞事業主ニ対シ其ノ事業ノ廃止又ハ休止ヲ命ズルコトヲ得

一　前条第一項ノ規定ニ依ル命令又ハ同条第二項ノ規定ニ依ル裁定ニ従ワザルトキ

二　第六条ノ規定ニ依ル団体ノ定款又ハ統制規程ニ

違反シタルトキ
三　当該新聞事業ノ運営ガ国策ノ遂行ニ重大ナル支障ヲ及ボシ又ハ及ボスノ虞アルトキ
前項ノ処分ハ予メ警告ヲ為シタル後之ヲ行ウ
第六条　主務大臣ハ命令ノ定ムル所ニ依リ第八条ノ規定ニ該当スル者ニ対シ新聞事業ノ綜合的統制運営ヲ図リ且新聞事業ニ関スル国策ノ立案及遂行ニ協力スルコトヲ目的トスル団体ノ設立ヲ命ズルコトヲ得
第七条　前条ノ規定ニ依ル団体ハ其ノ目的ヲ達スル為左ニ掲グル事業ヲ行ウ
一　新聞紙ノ編輯其ノ他新聞事業ノ運営ニ関スル統制指導
二　新聞事業ノ整備ニ関スル指導助成
三　新聞共同販売其ノ他新聞事業ニ関スル共同経営機関ノ指導助成
四　新聞記者ノ登録並ニ新聞従業者ノ厚生施設及養成訓練ノ実施
五　新聞用紙其ノ他ノ資材ノ配給ノ調整
六　新聞事業ノ向上ニ関シ必要ナル調査研究
七　其ノ他本団体ノ目的ヲ達スルニ必要ナル事業
第八条　第六条ノ規定ニ依ル団体ノ会員タル資格ヲ有スル者ハ左ニ掲グル者ニシテ主務大臣ノ指定スルモノトス
一　新聞事業主
二　新聞事業主ニ対シ報道事項ノ供給ヲ為スヲ目的トスル事業其ノ他新聞事業ニ関係アル事業ノ事業主
第九条　重要産業団体令第八条第二項及第九条乃至第三十六条ノ規定ハ統制会ノ会員タル団体ヲ組織スル者ニ関スル部分ヲ除キ第六条ノ規定ニ依ル団体ニ之ヲ準用ス但シ閣令トアルハ命令トス
本令ニ規定スルモノヲ除クノ外第六条ノ規定ニ依ル団体ニ関シ必要ナル事項ハ命令ヲ以テ之ヲ定ム
第十条　第四条第一項ノ規定ニ依ル命令ニ基キ左ノ事項ニ付登記ヲ受クル場合ニ於テハ其ノ登録税ノ額ハ左ノ額トス但シ登録税法ニ依リ算出シタル登録税ノ額ガ左ノ額ヨリ少ナキトキハ其ノ額ニ依ル
一　合併ニ因ル会社ノ設立（額は省略）

二　合併ニ因ル会社資本ノ増加（額は省略）
三　新聞事業ノ譲受ノ場合ニ於ケル不動産ニ関スル権利ノ取得（額は省略）

第十一条　本令中　主務大臣トアルハ内地ニ在リテハ内閣総理大臣及内務大臣トシ、朝鮮、台湾、樺太又ハ南洋群島ニ在リテハ各朝鮮総督、台湾総督、樺太庁長官又ハ南洋庁長官トス

第十二条　略

出典『現代史資料　マス・メディア統制2』

第十一章　一県一紙の完成

日本中の新聞を一つにするという完全なる統合は免れたものの、「一県一紙」の課題は残された。シェアを奪い合い、主張も資本も異なる「企業」が一つになるのである。容易なはずがなかった。

ここで八面六臂の働きを見せたのが古野であった。

地方紙の庇護者として全国紙と対峙してきた古野は、今度は地方各紙と向き合ったが、そこには古野が目指したであろう〝今の新聞〟の姿があった。

現在の新聞社の由来

第一章で触れたように、一九三八（昭和十三）年八月、新聞統合は内務省によって始められた。新聞を整理統合する作業は各道府県の特高警察が担当したが、統合を強制する法的権限はなく、新聞社自身の自主的判断に委ねる形が採られた。そのため統合は意図したようには進展しなかった。しかし、一九四一年十二月の新聞事業令の制定によって、法的な強制権が定められた。

政府は、新聞事業令の制定を受けて、一県一紙の完成へ向けた動きを加速させた。一九四二年一月十日に、日本新聞会の会員として一〇四の新聞社を指定すると共に、これら新聞社に対し一県一紙を速やかに実現するよう求める「内閣・内務省告示」を通達した。一〇四という数字は、同時期に有力な新聞（有保証金・普通・日刊紙）が、全国で一〇四社存在したことを示している。この時点で一県一紙が実現したのは全国四十七道府県のうち、半分強（五三％）の二十五県に過ぎず、残る二十二道府県は未だ実現しておらず、中でも東京、大阪、名古屋、福岡の四大都市圏は難航が予想された。

このため内閣情報局は、日本新聞会との間で新聞統合の具体策について協議を進め、一九四二年六月十五日の閣議で、四大都市圏の新聞について、以下のような政府の基本方針を決定した。[1]

「東京」五社――「朝日新聞及東京日日新聞は、そのまま在続せしむ」
「都新聞と国民新聞とを、合併せしむ」
「報知新聞は、読売新聞に、合併せしむ」

「中外商業新報は、多数の所謂業界紙と合同　産業経済新聞たらしむ」

「大阪」四社——「朝日新聞、大阪毎日新聞、大阪新聞の三社を在続せしむ」
「所謂業界紙を統合して　産業経済新聞たらしむ」

「愛知」一社——「新愛知、名古屋新聞の二社は　合併せしむ」
「朝日新聞、大阪毎日新聞の両社をして　各々その支社を撤退せしむ」

「福岡」一社——「福岡日日新聞と九州日報とを合併せしむ」
「朝日新聞、大阪毎日新聞の両支社は在続せしむ」

政府の基本方針に記された「東京日日新聞」は、大阪毎日の東京における新聞名で、一九四三年一月に題字（新聞名）を「毎日新聞」に統一した。朝日は既に一九四〇年九月、大阪朝日、東京朝日を「朝日新聞」に題字統一していた。基本方針は、朝日、毎日が東京、大阪で、それぞれ別の組織として存続するのを認め、読売についても報知を吸収することを認めている。これは、全国紙としての三紙の立場を容認したものだ。新聞共同会社設立案をめぐる全国三紙の強い反発を踏まえ、全国紙が改めて反発し、新聞統合全体が混乱することを警戒し、全国紙を刺激することを避けたためである。

「中外商業新報」は、明治期に三井物産が発刊した「中外物価新報」を始祖とし、三井財閥の機関紙としての色彩を濃くしていた。しかし一九四〇年に「一財閥の私有に委ねるべきでない」との方針から、三井が保有していた株式を譲り受けて事実上、独立した新聞である。政府の基本方針は、中外商業新報が、関東地方で発刊されている経済業界紙を吸収することを命じている。同紙を基軸としたのは、同紙社長の田中都吉が日本新聞会の会長を務める実力者であったことへの配意に他ならない。中外商業新報は他紙を吸収して、一九四二年十一月一日に、「日本産業経済新聞」として出発した。一九四六年三月には「戦時統制の体制を解く」ことを理由に、題字を「日本経済新聞」に改め、全国紙「日経」の地歩を築いている。

これに対し大阪では、大阪発刊の「日本工業新聞」が、関西地方の経済業界紙を吸収して、一九四二年十一月一日に「産業経済新聞」が創刊された。日本工業新聞は前田久吉が一九三三年、大阪で創刊した新聞である。前田は新聞販売店店主から身を起こした人物で、一九五〇年には、産業経済新聞を、経済紙から一般紙に変更し、東京へ進出して、全国紙「産経新聞（産経）」の基盤を形成している。

また前田は、一九二二（大正十一）年創刊の夕刊専門紙「夕刊大阪新聞」も発刊していた。政府の基本方針に記されている「大阪新聞」は、夕刊大阪新聞と大阪時事新報が統合した新聞である。大阪時事新報は読売が株式の過半数を取得しており、統合交渉では夕刊大阪社長の前田と読売社長の正力が主導権争いを演じ、難交渉の末に前田を社長、正力を相談役とすることで決着し、政府の基本方針が決定される僅か一ヵ月前の、一九四二年五月一日に、夕刊専門紙として「大阪新聞」が創刊され、同紙は政府の基本方針でも存続が認められた。

この他に、「都新聞」と「国民新聞」が合併して「東京新聞」（創刊・一九四二年十月一日）が、「新愛知」と「名古屋新聞」が合併して「中部日本新聞（中日）」（創刊・同年九月一日）が、「福岡日日新聞」と「九州日報」が合併して「西日本新聞」（創刊・同年八月十日）が、というように、現在、有力紙として存在感を示す新聞の多くは、戦時期に政府が「国策」として閣議決定した基本方針に基づいて創刊されたのである。

政府は、閣議決定した翌十六日に、基本方針に関連した新聞の代表者を情報局に招集し、「申す迄もなく、本案は政府の方針として確定したるものにして変更の意思なし。依って関係各社は、今後一ヵ月以内に協議を取りまとめ、所要の手続きを執られ度。追而《おって》、政府側としては十分秘密を厳守するに付為念」[2]と申し渡した。決定方針が「合併せしむ」「在続せしむ」「撤退せしむ」など命令調となっていることも示すように、政府の居丈高な姿勢は、「国策」である一県一紙を、断固として実現するという強い意思を、新聞側に印象付けるためだ。それは反面、統合は容易ではなく、難航が予想されるという不安の現れでもあった。

情報局は七月二十四日、新聞統合について以下のような谷正之総裁の談話を発表した。

「時局の要請に基づく新聞新体制については、官民協力して、その確立を急いでいたが、政府は東京、大阪、名古屋、福岡の四大地域に於ける新聞統合に関し、関係各新聞社の尽力を求めたところ、各社は欣然として之に応じ、大体実施方策の円満なる決定を見るに至った。各新聞社が、新聞の公益性に鑑み、多大の犠牲を顧みず、進んで国家目的に協力せられたことは、実に同慶の至りであり、深く敬意を表するところである。国内のあらゆる部門が、聖戦目的完遂のため、再編成せられつつある時、輿論指導と啓発宣伝の使命を有する新聞界の新体制が出来たことは、意義深いものがあると信ずる」[3]

情報局の指示を受け、対象の各道府県では、知事や長官の陣頭指揮の下で特高警察により統合が進められた。だが談話に示した「円満なる決定」「多大の犠牲を顧みず、進んで国家目的に協力」という言葉通りには行かず、政府が内心恐れたように、いくつかの道府県の交渉は難航した。

しかし、国策方針と新聞事業令の「威力」によって、同年十一月一日までに、四十七道府県の全てで「一県一紙」という新聞の統合は完成した。朝日、毎日は東京、大阪でそれぞれ独立の新聞として扱われ、発刊が認められた。また広島は一県一紙の原則の例外として中国新聞の他に、同新聞の系列下にある呉新聞の存続が認められた。これは海軍の「鎮守府が置かれた軍港呉の市民へ向けた情報提供が必要だ」という強い要請によるものだ。この結果、全国の新聞、厳密には「有保証金・普通・日刊紙」は、計「五十五紙、五十二社」となった。

統合によって産み出された一県一紙という新聞の分布は、現在も継続している。その理由は、地方紙が統合で資本を増やし、全国紙の攻勢に対抗し得る力を持つことが出来たという「スケール・メリット」によるものだ。古野伊之助の「地方紙の保全」という狙いが奏功し、現在に至っていることになる。

戦時統合で一紙に統合されたものの、戦後に一紙統合を解消し、以前のような複数紙が乱立する状態に戻ったのは、長崎県の新聞だけである。同県では、長崎民友、佐世保軍港、島原、長崎日日の四紙が整理統合し、一九四二年四月一日に、「長崎日報」が創刊された。同紙の社長には、長崎日日社長であった武藤具三が就任した。長崎日日は全国紙の読売が買収し系列下に置いた新聞で、武藤は読売の工務局長の出身であった。同紙は、戦後の一九四六年十二月に分裂し、長崎民友、佐世保時事、新島原、長崎日日の統合以前の四紙に戻った。読売主導に対する地元紙の反発が、分裂した要因である。だが、朝日、毎日、さらには福岡の西日本も同県に勢力を伸ばしたため、地元紙は耐えきれず、一九六八年八月に再び一紙に統合し、「長崎新聞」として現在に至っている。同県の例は、新聞統合が言論統制と、地方紙の資本力の強化という両面を有したことを示している。

調整者古野の暗闘

新聞会の実質的な実力者である古野伊之助および側近の岡村二一は、統合交渉に関与した。岡村は難航した交渉について「県や内務省で話をしたが最後まで揉めて、話がつかなかったのが全国で三つあった。徳島、名古屋、北海道だ」[4]と語っているが、もちろんこの三つだけでなかったことは言うまでもなく、高知、神奈川、熊本、東京、三重などでも古野や岡村、さらには特高警察や県が深く介入して統合を推し進めている。いずれも現在も続く有力地方紙の来歴である。

高知県では、政友会系の土陽新聞と民政党系の高知新聞の二紙が明治以来、県内を二分し覇を競っていた。県警察部長の石橋豊徳は、一九四一(昭和十六)年四月、「二紙を統合して新たに新聞を創刊し、実業家の宇田耕一を社長とする」との構想を示し、その際、「この構想は同盟の古野社長も了解済だ」と付け加えた。

これに高知新聞は「この構想は容認できない。高知新聞が土陽新聞を吸収する形で継続すべきで、社長人事も高知新聞の現社長野中楠吉が引き続き務めるべきだ」と強く反発した。野中は上京して古野と会って、古野から「了解などしていない。当事者間で円満に解決するのが好ましい」との言質を得た。野中は密かに大阪で土陽新聞社長、野村茂久馬と会談し、「土陽新聞は廃刊し、高知新聞が吸収する。会長は土陽の野村、社長は高知の野中とする」ことで合意した。知らせを受けた高知新聞の幹部は、大阪に駆け付けて会談の成功を祝った。帰りは二等車を貸し切り、「特高何するものぞ」と意気大いに上がったという。だが面子をつぶされた石橋は激高し、「大阪会談は無効だ」と威嚇した。

このため古野が仲裁に入り、同盟の政治部長を現地に派遣し調査を行い、その上で情報局を通して県当局に圧力を加えた。中央からの圧力に石橋も了承せざるを得ず、古野の裁定通り「高知新聞が土陽新聞を吸収する」形で、同年十月合同式を行い決着した。古野に恩義を感じた高知新聞は「近い機会に古野社長を役員として選任する」ことを決めたが、古野はそれを断り、代わりに同盟の地方部長を同紙の常務として派遣した。[5]

岡村が指摘した徳島県は、朝日、毎日の攻勢の下、政友会系の徳島日日と、政党色のない中立系の徳島毎日の二紙等が存在したが、いずれも経営は厳しい状態であった。県特高課は一九四一年秋、二紙に統合を求めた。これを受け二紙は自主的に協議を進め、同年十二月十六日に、二紙が統合し「徳島新聞」が創刊された。

　しかし、創刊後に二紙の関係者は主導権争いを展開し、これに困惑した県特高課は一九四三年八月、「株式会社徳島新聞は内部摩擦あるにつき、第三者資本家に全株式を譲渡せしめ、資本の一本化を図る」との方針を決め、「これに対する回答がない場合は、新聞を廃刊処分とし、会社の解散を命ずる」ことを申し渡した。統合前の徳島毎日社長で、徳島新聞では大株主であった多田嘉之助はこれに強く反発し、古野に会い、「県特高課の方針に承服できない。このため自身が所有する株式を、日本新聞会に寄贈する」ことを申し入れた。古野は協力を約し、①株式会社徳島新聞を解散し、新たに社団法人徳島新聞を設立する　②設立資金は、後援会に対する寄付金をもって充当する　③後援会は県内有識者を発起人とし、不特定多数から寄付を受ける――との方針を決めた。

　県特高課もこれを受け入れ、一九四四年五月十五日、新たに社団法人「徳島新聞」が設立された。設立に際しては、寄付金募集が行われたが、特高警察課長の指揮の下、署員が寄付金募集に駆け回るなど積極的に協力した。新会社の役員には、日本新聞会から職員が送り込まれ、編集局長、業務部長に就いている。[6]「新聞の公共性を確保する」として株式会社ではなく「社団法人」組織として創刊された新聞は、同紙の他に埼玉新聞（一九四〇年十一月）、東京新聞（一九四二年十月）の計三紙あるが、徳島新聞だけは創刊時の「社団法人」組織を現在も継続している。

神奈川県では、一九三九年の時点で二十紙の地元紙が存在した。特高警察は「新聞の整理統合を実施する。従わない場合は別件の容疑で新聞社幹部や記者を取り締まる」と脅しをかけ、一九四〇年十二月には、横浜の神奈川県新聞（横浜貿易新報と横浜新報が統合）、横須賀の神奈川日日（横須賀の日刊紙は同紙を除き廃刊）、小田原の相模合同（東海新報らが統合）の三紙となった。次いで特高警察は一九四一年十二月、「神奈川県新聞が神奈川日日、相模合同の二紙を吸収統合し、昭和十七年一月から新たな新聞として創刊する」方針を決め、社長には神奈川県新聞社長の野田武夫を指名した。だが野田が帝国議会の議員であることに、古野が「新聞社社長は、他の職業を兼務していないことが筋だ」と難色を示した。このため特高警察は、古野に調整を依頼した。

古野は「神奈川日日が、神奈川県新聞と相模合同を吸収統合して、神奈川新聞を創刊する。同紙の社長は、神奈川日日社長の樋口宅三郎とする」という裁定を下した。特高警察では「この人選を意外としたが、止む無くこれを容れ」、神奈川日日を横浜へ移転させ、一九四二年二月二日に「神奈川新聞」が創刊された。樋口は「あのころ同盟の古野さんは大した勢いでしたからね。古野さんは（部下である同盟の）山口地方部長に、（樋口で）やれるのかと聞き、山口さんと私は顔見知りの間柄で、あの程度の新聞なら樋口でもやれると答え、私を推薦したと思う」と回想している。[7]

神奈川県の例は、交渉が難航した際は、古野に仲介を依頼するのが、特高警察や地方紙の間で共通の認識となっていたことを示している。また樋口は、創刊に際し、神奈川日日に買収資金はなかったが、「近藤壌太郎知事が企業に寄付金を割り当て、知事が自ら受け取り、警察部長へ渡し、警察部長から私の方へという形を取り、集めてくれた」[8]と、知事や特高警察の協力を、率直に明かしている。

熊本県では、政友会系の九州と民政党系の九州日日の二紙が存在感を示していた。競争関係にあっただけに統合交渉では、主導権争いを展開した。発行部数に勝る九州日日は「部数の比率に基づき株式も役員のポストも配分すべき」と主張したが、雪澤千代治知事は政友会と近い関係にあるため九州の肩を持ち、九州日日の主張を認めなかった。このため九州日日社長の伊豆富人は懇意の古野に調整を頼み、ここでも古野が動いて、一九四二年四月一日に「熊本日日新聞」が創刊され、伊豆が社長に就いた。[9]同紙の例も古野の関与が大きく作用したことを示している。同紙は『新聞総覧』(一九四二年版)で、「大東亜戦争勃発し、亜細亜民族の隆替を決する秋《とき》に当たり、両紙は国策に即して統合、国家協力機関として、烈々たる愛国の熱誠に燃えつつ創刊第一号を発刊す」と記している。「国家協力機関」に、県当局の機関紙という自覚が現れている。

東京の都新聞と国民新聞との統合交渉は、さらに難航した。都新聞は、一八八四(明治十七)年に創刊された日本初の夕刊紙「今日《こんにち》新聞」(主筆・仮名垣魯文)を始祖とし、一八八九年に都新聞と改題され、朝刊紙となった。一九一九(大正八)年には福田英助が買収し、社長に就任した。福田は商店の小僧から身を起こし、織物業や相場で財を成した実業家で、「人間万事、色と欲」という考えから花柳界の広告を掲載し、芸能、文芸、商況欄を充実した特色ある紙面で安定経営を誇った。福田は一九四〇年九月九日付夕刊に「本社不動の新聞報国　献納も辞せず　社を無償にて国家に提供せん」という社告を掲載し[10]、世間を驚かせた。これは、進んで統制に服すという姿勢を見せることで生き残りを図ろうという福田ならではの意図であった。

一方の国民新聞は、一八九〇年に徳富蘇峰が創刊したが経営が悪化し、甲州財閥の根津嘉一郎の出資を仰ぐなど曲折を経て、一九三三年からは名古屋の新愛知の系列下に入った。軍事を重点に置いた政治色の強い紙面構成を特徴としていた。統合の交渉がなされた時は、新愛知の主幹兼編集局長を務めた田中斉《ひとし》が、新愛知から派遣され代表取締役に就いていた。

芸能と軍事というように姿勢を異にし、福田と田中共に個性ある人柄であっただけに、都新聞社長の福田が「都新聞が、国民新聞を吸収買収する形で統合する。紙面も大衆向け娯楽芸能を中心とした編集を維持する」と主張すると、国民新聞代表の田中は「対等合併し、紙面は国策に沿った政治中心の革新新聞とする」と譲らず、統合交渉は難航した。「統合の実現は難しい」と判断した情報局は、一九四二年九月十一日、①両社は合併し、社団法人組織の新会社を設立する、②設立準備委員会を設け、定款作成などの準備を直ちに進める――という命令を下した。これは、事業令に規定された主務大臣の命令権（第四条）が発動された唯一のケースで、それだけ難交渉であったことを示している。

だが人事をめぐり紛糾し、社長空席のまま、同年十月一日に東京新聞は創刊された。空席状態を放置する訳にはいかず、古野が斡旋役を務め、神奈川県、愛知県知事や満州国務院総務庁長、阿部信行内閣の内閣書記官長などを歴任した遠藤柳作を社長とすることで決着が図られた。ところが一九四四年七月、遠藤が朝鮮総督府政務総監に就任するため社長辞意を表明し、改めて内紛が生じた。再び古野が斡旋し、「社長、理事会会長職は二年交代で、福田と田中が交互に就任する。円満に社務運営が出来ない場合には、両者は理事を辞任する」という条件付きで、福田が社長に、田中斉が理事会会長に就いた。

社団法人東京新聞は、戦後に株式会社に改組したが、経営が悪化し、一九六三年、名古屋の中日新聞の系列下に入り、現在に至っている。これは前身の国民が、中日の前身、新愛知の系列紙であったということが縁となっている。


愛知県は、政友会系の新愛知と民政党系の名古屋の二紙が拮抗し、両紙とも新聞連盟の理事を務めるなど、両紙並んで有力地方紙で、そのため二紙を認めるか、一紙に統合するか、情報局も判断に苦慮したが、最終的に一紙に統合することを、政府方針とし「新愛知、名古屋新聞の二社は　合併せしむ」と閣議決定した経緯がある。この決定の背景は、衆院議長を辞任（一九四一年十二月）した名古屋の創業者小山松寿が新愛知との合併に反対し、東條ら政府関係者に働き掛ける動きを展開したことに、古野が反発したためという[11]。

統合が決定してからも両紙は主導権争いを演じて人事などが決定できず、岡村二一が古野と協議し、日本新聞会の主導で「新会社の名称を中部日本新聞社とし、社長は新愛知の大島一郎、副社長は名古屋の小山龍三（小山松寿の女婿）、取締役五名の内、三名は総務、編集、業務局長を兼ね、この三名は中央の推薦とする」ことを決め、それを県当局が申し渡す形が採られた。編集局長には、時事新報編集局長の経歴を有する伊藤正徳が、総務、業務局長は古野の配下の同盟社員を据えた。反発し合う両社の社員の周囲を騎馬警官が取り囲むという騒然とした中、一九四二年九月一日に「中日新聞」が創刊された。

広い面積を有する北海道では、地域ごとに多数の地方紙が存在し、一九三四年に普通日刊紙は八十九紙を数え、中でも札幌の政友会系紙北海タイムスと小樽の民政党系紙小樽新聞の二紙が有力紙として競い合っていた。道特高課は一九三九年秋から新聞統合に着手し、一九四二年三月までに概ね各地域に一紙の十一紙にまで整理統合した。有力紙である小樽新聞の社長の地崎宇三郎は、一紙統合に反対し、小樽新聞の生き残りを念頭に「北海道二紙」を主張した。地崎は読売との間に、読売が資本金の半額を融資する「連携関係」を結ぶなど活発な反対運動を展開した。地崎の背後には、読売の正力が存在していると噂された。

地崎の動きを苦々しく思った戸塚九一郎北海道庁長官は一九四二年三月、各紙の代表者を招集し「国家の要請により、一紙に統合する。新会社の設立を自主的に協議されたい」と申し渡したが、地崎の主張に翻弄され、交渉は難航した。このため日本新聞会の岡村が現地入りし、戸塚に代わり新長官に就いた坂千秋に一紙に統合するよう強く求めた。岡村の動きには、地方紙統合に関する正力の影響力を排除しようという思惑も存在したと思われる。

そして坂長官は同年九月に「一紙に統合し、世論指導機関としての任務を完遂する。社長には北海タイムス常務の東季彦を充てる」との裁定を下した。知事の強い意向に地崎も従わざるを得ず、一九四二年十一月一日に、「北海道新聞」が創刊された。

社史『北海道新聞四十年史』は、社長に、北海タイムス社長の阿部良夫ではなく、常務の東を充てるという坂長官の裁定について「予想外の人選は、各社の複雑な思惑が絡んだことに加え、東が同盟の古野社長と懇意であったことで、波紋を呼んだ」[12]と記している。東季彦は北海タイムス社長で帝国議会議員（政友会）を務めた東武の養子で、同紙を代表して新聞連盟の理事として古野に協力したという経緯がある。東の社長就任は、古野の意向を踏まえたものだ。

裁定後の懇親会で、岡村は地崎から「命知らずの子分が沢山いる。津軽海峡を渡り切るまで気をつけろ」と恫喝されたという[13]。その後も地崎は資産拠出を拒否し、東社長を背任横領で告訴するなど社内は紛糾した。東は一九四五年十月に社長を辞任し、その後に日本大学の法文学部長、学長を務めている。このように難航の末に創刊された中日、北海道両紙だが、戦後に分裂せず現在、両紙とも有力地方紙として存在感を示している。

また三重県では、一九四二年四月に「伊勢新聞」が七紙を吸収し、統合が完成した。だが戦後に、全国三紙や中日新聞の販売攻勢で経営不振に陥った。県内からは「郷土紙救済」の声が挙がり、同県出身であることから、古野に再建を求めた。そして一九五二年、古野が同社会長に就任し、社長には同盟編集局長として側近の一人であった大平安孝を据えた。同盟が解体した戦後でも、古野が影響力を有した事例である。

一県一紙の完成

完成時期		府県	題号	形式
1939(昭和14)年	10月 1日	鳥取	日本海新聞	新設
1940(昭和15)年	8月 1日	富山	北日本新聞	新設
	10月 1日	群馬	上毛新聞	吸収
	11月17日	埼玉	埼玉新聞	新設
	11月19日	千葉	千葉新聞	新設
	11月25日	宮崎	日向日日新聞	新設
	12月20日	沖縄	沖縄新報	新設
1941(昭和16)年	1月 1日	奈良	奈良日日新聞	新設
	2月 1日	山梨	山梨日日新聞	吸収
	2月11日	香川	香川日日新聞	吸収
	3月 1日	福井	福井新聞	吸収
	5月10日	佐賀	佐賀合同新聞	新設
	9月 1日	福島	福島民報	吸収
	10月 1日	高知	高知新聞	吸収
	10月30日	広島	中国新聞	吸収
	11月 4日	岡山	合同新聞	吸収
	12月 1日	兵庫	神戸新聞	吸収
		静岡	静岡新聞	新設
		愛媛	愛媛合同新聞	新設
	12月16日	徳島	徳島新聞	新設
1942(昭和17)年	1月 1日	島根	島根新聞	新設
		岩手	新岩手日報	吸収
		栃木	下野新聞	吸収
		青森	東奥日報	吸収
	1月 5日	岐阜	岐阜合同新聞	新設

完成時期		府県	題号	形式
1942(昭和17)年	2月 1日	茨城	茨城新聞	吸収
		宮城	河北新報	吸収
		山形	山形新聞	吸収
		山口	関門日報	新設
		神奈川	神奈川新聞	吸収
	2月11日	鹿児島	鹿児島日報	吸収
	4月 1日	京都	京都新聞	新設
		長崎	長崎日報	新設
		熊本	熊本日日新聞	新設
	4月 3日	大分	大分合同新聞	新設
	4月 5日	三重	伊勢新聞	吸収
	5月 1日	長野	信濃毎日新聞	吸収
	5月11日	石川	北國毎日新聞	吸収
	5月31日	秋田	秋田魁新報	吸収
	8月 1日	滋賀	滋賀新聞	吸収
	8月10日	福岡	西日本新聞	新設
	9月 1日	和歌山	和歌山新聞	吸収
		愛知	中日新聞	新設
	11月 1日	新潟	新潟日報	新設
		北海道	北海道新聞	新設
	8月 5日	東京	読売報知新聞	吸収
	10月 1日		東京新聞	新設
	11月 1日		日本産業経済新聞	新設
	5月 1日	大阪	大阪新聞	新設
	11月 1日		産業経済新聞	新設

(注)1「新設」は、複数紙が合併し、新たに創刊。「吸収」は、有力な1紙が他紙を吸収。
2 朝日、毎日新聞は東京、大阪に存続。
朝日は40年9月、「東京朝日」と「大阪朝日」を「朝日新聞」に題字統一。
毎日は43年1月、「東京日日」と「大阪毎日」を「毎日新聞」に題字統一。
3 広島県は例外的に「中国新聞」と「呉新聞」の2紙。
(出典)『出版警察報』、新聞各紙の社史などを基に著者作成

第十二章　悪化する戦局の中で

ところどころに同床異夢の矛盾を抱えながらも、自主統制のもと政府と一体化を図ってきた新聞だったが、ますます悪化する戦局に、かつてない締め付けを受け始め、それは「憲兵政治」と恐れられた。だが、最も恐るべき事態は、もはや為す術のない本土空襲であった。焼け出された各地の新聞社は果たしてどのようにして生き残ったのか。

憲兵政治

一九四四（昭和十九）年二月に東條は首相、陸相に加え、参謀総長と三職を兼務し、これまで以上の強権的な政治を行った。意に沿わぬ人物や組織に対して、東京憲兵隊隊長の四方諒《しかた》二大佐に命じて脅迫し、「憲兵政治」と恐れられた。東條政権下に朝日、毎日、読売の全国三紙はそれぞれ、この圧迫に直面している。

朝日は一九四三年元日付の朝刊に掲載した政治家中野正剛《せいごう》の「戦時宰相論」という評論をめぐり、圧力を受けた。この中で中野は「（戦時宰相は）誠忠に謹慎に廉潔に、而《しか》して気宇広大でなければならぬ」と名指しこそしなかったものの、東條を厳しく批判した。かねて「反東條」の旗幟を鮮明にして倒閣運動を進めていた中野の評論だけに、東條は激怒し記事差し止めを命じた。朝日に対する圧迫はそれまでであったが、中野に対しては同年十月に逮捕、身柄を拘束し、四方憲兵隊長が取り調べて、中野を自決に追い込んだ。憲兵政治の典型的な例である。

戦時期に朝日の記者であった所武雄が自身の体験を記した『狂った時代』[1]という本の中に、興味深い一節がある。その内容を要約すると次のような話になる。

一九四三年二月、所記者は、東條に睨まれて予備役に編入され、山形県鶴岡に蟄居していた石原莞爾陸軍中将を訪ねた。石原は「東條がうるさくてな」と憲兵の監視が厳しいことに不満を漏らし、「東京はやがて焼け野が原になるぞ、一木一草なくなるね」とつぶやいた。当時は大規模な空襲は未だなく、所は「東京が、焼け野が原になるなぞ、想像も出来なかった」。次いで石原は「この戦争は、このまま行ったら必ず負ける。止めるなら今のうちだ。朝日新聞は全面を埋めて、戦争反対をやらんかね。このままだったら村山社長は一村山に過ぎないが、戦争反対をやってみろ、歴史上の村山になる。俺がそう言ったと村山に伝えてくれ」と伝言を頼まれた。所が「そんなことをしたら、朝日新聞は潰されてしまう」と言うと、石原は「潰されたっていいじゃないか。それが日本のためになるなら」。これに対し所が「社長としたら六千人の従業員を路頭に迷わすことになります。家族のことを考えたら簡単にはいきません」と言うと、石原は「なあに、そら潰れるさ。戦争が終わってみろ。いずれ負け戦さ。朝日新聞はまた復活するよ、堂々とした朝日新聞になる。どうだ、そう伝えてくれ」と重ねて言った。所は東京へ戻り、編集幹部の鈴木文史朗に伝えたが、鈴木は「口をつぐんだきり何も言わなかった」。そのため石原の伝言は、そこで留まったという——。

　石原の見識ある提言を、朝日が組織維持という判断から黙殺したものだ。だが、それを実施していたら、「憲兵政治」によって、朝日が潰されたのは確かであろう。

　毎日は、一九四四年二月二十三日付朝刊に掲載した、海軍省担当の新名《しんみょう》丈夫記者が執筆した記事で筆禍を受けている。これは「竹槍事件」と呼称されている。

　記事は、「勝利か滅亡か」の見出しで「竹槍では間に合わぬ　飛行機だ、海洋航空機だ」と、海軍の航空兵力増強の主張を代弁した内容だ。これを読んだ東條は激怒し、情報局次長の村田五郎（内務省出身）に「新聞が軍事に口を出すとは、何事だ。これは統帥権の干犯に当たる。毎日を潰してしまえ」と厳命した。村田は「日本の世論を代表している新聞が、あの程度の記事を書いて廃刊になれば、世論の物議を醸す。そうなれば逆効果となる」などと懸命に説得に努めた。[2]

怒りが収まらない東條は、大本営陸軍報道部長の松村秀逸大佐（一九四三年情報局から転出）を呼びつけて「こんな記事を出させて黙っているのか」と激しく叱りつけた。毎日の編集責任者であった高田元三郎は「松村大佐と会ったが、松村は東條に叱られ逆上しており、『毎日新聞は何だ。陸軍の新聞と思っていたのに、一体いつから海軍の新聞になったのか』と怒鳴るのです。『筆者を、まず厳重に処分しろ』と迫るので、私は『新聞社が記事を書いた人間に責任を取らせるようでは、新聞は出来ない。私が責任を取る』と言った。その後、社長と共に首相官邸に東條に会いに行ったが、東條はハナも引っかけないような態度で興奮していた」[3]という。毎日は、編集の責任者であった高田を編集総長辞任、吉岡文六編集局長、加茂勝雄整理部長を待命処分に付し、二十五日付朝刊に「敵は挑む大陸に決戦場、海洋と等しき重大性」という陸軍の主張を取り入れた記事を掲載するなど陸軍の機嫌を取り、収拾を図ろうとした。

だが、陸軍はあくまで、記事を執筆した新名記者の処分を強く求めた。同社が応じないと判断すると、新名が三十七歳という、徴兵においては高齢であるにもかかわらず、陸軍兵士として召集した。こうした政治的思惑で恣意的に召集するのは、「懲罰召集」と呼称され、東條および憲兵が用いた恫喝手法の一つである。新名は、部隊指揮官の配慮で、三ヵ月で召集解除された。だが再召集の危険性があり、そのため海軍が庇護して新名を海軍報道班員としてフィリピンへ逃がした。

高田が「事件の一番の原因は、陸海軍の飛行機の分捕りという相克だ。『本土に敵が来る前に外洋で敵を叩かねばならない』という（海軍に与した）主張に、（陸軍大臣を兼務していただけに）

東條は怒った」と指摘しているように、この事件は、毎日が海軍の主張を代弁し、これに陸軍が反発するという、陸海軍の対立の巻き添えを食ったものだ。松村の「陸軍の新聞、海軍の新聞」という言葉は、新聞を配下のプロパガンダ紙と見立てた意識が、窺える。松村は海軍寄りの記事を、配下と見ていた毎日の裏切り行為と捉えたのであろう。

読売では一九四三年七月下旬、本社屋上のハト小屋裏の海外短波受信室に、憲兵が踏み込み、勤務中の部員を連行する事件が起きた。海外短波受信は同盟の他は厳禁とされていた。だが読売以外に朝日、毎日の全国紙のいずれも傍受し、受信したニュースのコピーは情報局に提供し、言わば黙認されていた。憲兵隊は、田中幸利欧米部長の身柄も拘留した。社長の出頭を求めていることを察した正力松太郎が憲兵隊本部へ出向くと、憲兵隊長の四方は「君を逮捕しようと思っていた。君が社長を辞めれば帰してやる」と言い放った。これに対し正力は情報局へ受信したニュースを提供しており、朝日、毎日も同様だと答えると、今度は正力が社員を酷使し、資本主義的な利益第一主義の経営方針であると糾した。結局、正力は夕刻には帰宅を許され、田中欧米部長も釈放された。

社史（『読売新聞八十年史』）は、「なぜ、このような事件が起こったのか。正力が（一九四一年に）新聞共同会社設立案に反対して流産に終わらせたことが陸軍報道部の松村大佐等の逆鱗に触れた。しかし、それのみではない。同盟通信社が全国の新聞を、その支配下に置こうとした野望もその遠因であったことは否定できない。要するに新聞統制を思いのままに行い得なかった一部官僚と軍閥、そして外部の時局便乗者が、新聞弾圧の邪魔者である正力社長を新聞界から追放しようとした陰謀であった」[4]と記している。憲兵政治の不可解な圧迫であったのは確かであろう。だが興味深いのは、同盟が憲兵の背後に存在したと指摘していることだ。社史は一九五五年に出版されたが、記述はこの時点でなお、正力が古野に反感を抱いていたことを示している。

東條首相との会談

新聞に圧迫を加えた東條だが、一方で気遣いをしたのも確かである。東條の首相秘書官が綴った「東條内閣総理大臣機密記録」[5]には、東條と古野らメディア関係者との会談が、三回記録されている。

①「昭和十七年十二月二十八日・午後六時二十分―同十時十分、麻布別館に於て、田中（都吉）日本新聞会長、古野（伊之助）同盟社長、村山（龍平）朝日新聞社長、高石（真五郎）毎日新聞社長、正力（松太郎）読売新聞社長を招待、書記官長、情報局総裁、秘書官同席」

②「昭和十八年五月十八日　同盟古野（伊之助）社長を始め五大新聞社長招待晩餐の折（迎賓館）、陪席は内閣四長官。谷（正之）情報局総裁の口から新聞紙逼迫の話が出た時、問題の要点は、北海道に充分在庫しあるも、船舶等輸送の為め、減頁をしなければならぬ事情にあり。而して総裁は『総理を煩わさずして問題を解決せんとしていた』と釈明。総理は『自分は聞いてませんが、どう云う事であるか』と尋ねられ、『若し自分が政治家なら知らぬ事でも一応は承

知している様な口吻をする時ですがね……』で大笑。結局、最悪の場合には軍の船を廻すことを命ぜられ、解決の曙光は見え、一同は思わざる御土産に大喜びであった。（註）紙の問題は、御招きの席であるから社長連の口からは切り出さずと云う申し合わせであったと云う。後、総理の命令で艦船の甲板等に積載して北海道から八戸、新潟等にどんどん送らせられたり」

③「同年八月二十日・午後四時五十分―同五時四十五分　古野同盟通信社長来訪要談（対支方策に付進言、重慶政権我と握手せば、帝国は支那より撤兵、其の武力を挙げて印度を衝き、印度の独立を援護せんとの趣旨の声明発表を時宜に適せるものと認め、意見を具申す）」

ここに記されている一九四三（昭和十八）年五月の東條と業界代表との会合を改めて説明すると、会合はメディアに戦争協力を促すことを意図して行われたもので、東條の要請に業界側は「協力は勿論、言われるまでもないが、用紙欠乏で効果を憂慮している」と用紙の安定供給を陳情した。すると東條は「それはイカン。国民の意気が挫ける。原因が輸送船の不足にあるなら俺が工夫する」と言い、直ちに陸軍の輸送当局に「陸軍が徴発している船舶の一部を新聞用紙の輸送に使用すべし」と厳命した。その結果、苫小牧からの海上輸送は継続され、当面の用紙は確保された。[6]

しかし一九四四年七月になると、東條も退陣し、空襲下輸送も困難となると用紙の欠乏は深刻となった。そのため新聞会は、会長名で「昭和十九年九月から、従来二十二頁建ての新聞は水、土曜日付けは四頁に、他の曜日は二頁建てとすること」という指示を下し、「半ペラ新聞」と蔑称されるペラペラな新聞となった。これは、統制どころではなくなった当時の様を示している。

また古野が一九四三年夏、東條に、蔣介石との和平、インド独立支援を進言したという記録は、古野が、その進言に「独裁者」然としていた東條も耳を傾ける存在であったことを示している。だが、このことに古野が満足していたかどうかは分からない。一九四五年二月、古野は貴族院議員に勅選された。本来なら名誉なことであるはずが、「同盟の幹部が社長室で祝杯を挙げたが、古野本人の顔は晴れず、『いまごろ貴族院議員になったって何ができよう』と、つぶやいた」という。[7]

緒方の情報局総裁就任

すでに第七章で経緯について触れたが、一九四四（昭和十九）年七月に発足した小磯内閣に、朝日副社長の緒方竹虎が国務大臣・情報局総裁として入閣した。緒方の情報局総裁就任に情報局の軍部官僚は反発したが、言論統制の体制は既に出来上がっており、何より陸軍出身の首相である小磯國昭が推しているため、承知するより他なかった。メディア側でも古野をはじめ期待する声が挙がった。だが、重要なことは、戦局悪化という状況下とはいえ、メディア幹部が「言論統制の総本山」情報局総裁に就任したという事実である。

緒方は就任の記者会見で、「今後、思想戦の重要なるに鑑み、民意の暢達は必要だ。戦局の実情をはじめ各内外の情勢を国民に知らしめることが国民の戦意昂揚の根本であると考える」（朝日新聞一九四四年七月二十三日付）という意向を表明し、「言論暢達」政策の実施を掲げた。「暢達」とは「のび育つ、のびのびしていること」という意味だ。当時の言論政策は権威的で硬直化しているという認識に基づいたもので、具体的には日本新聞会を廃止することを意図していた。

先に示したように、戦後に緒方は「僕の案で進むことになり、一つの妥協策として日本新聞会をつくり、自治統制をすることになった。こんなわけで新聞会は、軍部と新聞社との妥協の副産物のようで、ホントは面白くないので、僕が情報局総裁の時に、会長の任期が満ちたのを機会にこれを解散した」[8]と語っている。「面白くない」という表現には、緒方の新聞会に対する不満が込められている。つまり、新聞会は確かに緒方自身の発案で誕生したが、それは共同会社設立案をめぐる騒動の中、妥協の産物として発足したものだ。さらに「国策代行執行機関」を自任して統制を実施している新聞会の運営に問題があると思っていた。[9]

一九四五年二月二日の閣議で、緒方は「日本新聞会創設時に政府が企図した統制は、その殆どの目的を達成した。戦局苛烈化のため、従来の新聞業者による中間機関による統制は二重行政的な弊に陥り、実状に即さなくなった。これに代わり、政府〔情報局〕が直接的に統制することに置き換えるのが適当である。言論の指導統制を簡素強力化し、政府の政戦両略に打てば響くが如き体制を確立する」[10]と強調し、次のような具体策を提案した。

①新聞会および新聞配給会を解散する　②新聞会が掌握していた新聞事業の統制指導に関する事項は、情報局の機構を拡充して、これに当たる　③新聞社で構成する団体として「日本新聞公社」を設立する——というものだ。

即ち、情報局が新聞会に代わり、直接、言論統制を実施するという方針である。

これを受けて、新聞会は一九四五年三月一日に約三年間の活動を終え解散され、統制に関する事項は全て情報局に移管された。新たな組織である新聞公社は配給、資材の調達、記者登録制のみを担う、つまり情報局の完全な補助機関となった。公社の理事長には読売の正力が就任を強く希望したが、緒方が古野と計り、配給会理事長であった佐藤新衛（日本産業経済新聞営業局長）を、専任理事には新聞会理事の岡村二一が改めて横滑りの形で就いた。

戦後、朝日関係者が編纂した評伝『緒方竹虎』は、「緒方は連日、記者会見を行い、真相と信ずるところを打ち明けて話した。新聞を信用し、出来る限りの真相を打ち明けるとともに、新聞の責任を期待した」「自分が朝日の出身であることから毎日から人を求めようとし、毎日政経部長塚田一甫《いっぽ》を（国内宣伝を担当する）情報局第一部長に迎えた」などと、「言論暢達」の努力を強調している。また同書によると、緒方は陸海軍報道部を廃止して情報局へ吸収することを意図したが、陸軍がこれを拒否して実現しなかったとし、「陸軍が緒方を自由主義者として警戒していた結果が現れたもの」[11]と記している。

だが、これを額面通りに理解していいのだろうか。緒方の新聞会の廃止、新聞公社への改編については「（情報局の手で）言論統制の一元的強化がなされ、（新聞で構成する）新聞公社は専ら政府の補助機関たる性格に終始し、政府のうちに完全に融合された。それは新聞に対する官僚統制の最高潮を示す態勢であると言える」[12]という批判が存在する。

一九四五年四月に小磯内閣から鈴木貫太郎内閣に代わったことを受けて、新たな情報局総裁には日本放送協会会長の下村宏が就いた。下村は台湾総督府総務長官退官後に朝日に入社して副社長を務め、緒方とは懇意の間柄で、就任は緒方の推薦によるものであった。

焼け太りの持分合同

一九四五年に入ると、新聞に対する情報局の対応も統制どころではなく、空襲下での用紙配給の確保、被災新聞社を救援することに注がれた。同年初頭から終戦まで全焼した新聞社は原爆による中国、長崎新聞など二十三社、半焼を含めると二十八社と全国の新聞の半数以上が被災した。

政府は同年三月十三日の閣議で、「戦局ニ対処スル新聞非常態勢ニ関スル暫定措置要綱」と題した方針を決定した。これは空襲による交通途絶や都市の破壊に遭遇しても新聞を一日も休むことなく発刊することを目的として、東京を本社とする全国紙の機材を地方へ「疎開」させ、全国紙と地方紙の合同作業で新聞を発刊しようというもので、全国紙と地方紙が合同で発刊する意味を込めて「持分合同」と称された。

「持分合同」の方針を決定する過程では、再び新聞共同会社設立案が浮上した。情報局は「新聞共同会社設立案の実施」「全国三紙が軍管区所在地を分担し疎開する」「全国紙と地方紙が部数を持分合同する」「全国紙と地方紙が資本を合同する」という四つの案を検討した。

新聞共同会社設立案の復活は、古野が働き掛けたもので、新聞共同会社設立案に固執していたことを裏付けている。先に指摘したように、「爆撃を食らったら、新聞社の社屋はいっぺんで潰れる。そうしたらすぐ隣の新聞社からいろいろな機械を持ってきて継続するというような仕組みを作らなければいかん。相互扶助するには、新聞社を一つの会社に統合する必要がある」というのが古野の理由である。[13]

これに対し、毎日幹部の高田元三郎は「注目すべきは、この時も一元会社案（新聞共同会社案）が蒸し返され、新聞統制にはこれが最善の方法だという考えが、依然として残存していた。日の目を見ずにしまったことは、真に幸いだったといわなければならない」[14]と記している。

このように、新聞共同会社設立案については、改めて全国紙の猛反発が予想され、情報局は「要らぬ混乱を避ける」という判断から同案の採用を却下した。このため結局は、全国紙、地方紙双方にとって抵抗が少ない、「持分合同」に落ち着いた。

合同は、朝日、毎日、読売の全国三紙と、二十九の地方紙との間で同年四月から五月にかけ実施された。全国紙の地方での配給は禁じられ、それに代わり地方紙がその県内の全国紙の発行部数を吸収して配給した。つまり地方の読者は地方紙だけを購読するよう統制され、そのため全国紙は地方紙へ人員を派遣し編集作業を行い、印刷機材を貸与し、全国紙の名前（題字）は、地方紙名の下に併記する形が採られた。

東京、大阪、福岡およびその周辺の千葉、埼玉、神奈川、神戸、奈良、和歌山、京都、滋賀、山口は、全国三紙の輸送が可能であるという理由で合同から除外された。また全国紙の他に、福岡を拠点とする西日本新聞が佐賀合同新聞へ人員を派遣した。

情報局が持分合同の全国紙と協力する地方紙の組み合わせを決めたが、組み合わせは「抽選」で決められたという。[15]

「朝日」は新岩手（岩手）、山形（山形）、上毛（群馬）、信濃毎日（長野）、福井（福井）、伊勢（三重）、高知（高知）、愛媛（愛媛・四四年三月に「愛媛日報」を改題）、日向日日（宮崎）、熊本日日（熊本）、日本海（鳥取）の計十一紙

「毎日」は福島民報（福島）、下野（栃木）、新潟日報（新潟）、山梨日日（山梨）、北國毎日（石川）、岐阜合同（岐阜）、香川日日（香川）、徳島（徳島）、防長（山口・四五年五月に「関門日報」を改題）、大分合同（大分）、鹿児島日報（鹿児島）の計十一紙

「読売報知」は東奥日報（青森）、秋田魁（秋田）、茨城（茨城）、静岡（静岡）、北日本（富山）、島根（島根）、長崎日報（長崎）の計七紙

全国紙は社員を出向させ、相当量の原稿を電話で読み上げる形で送稿し、それを基に紙面は作成された。原稿は一般記事ばかりでなく社説や解説記事も含まれ、地方紙の紙面は内容的に充実した。だが元来が競争相手であるだけに、全国紙からの出向社員を地方紙が快く迎え入れたわけではなく、毎日との「持分合同」を指定された山梨日日、鹿児島日報の場合は、「いかなる形の協力も拒否する」姿勢を示し、情報局からの叱声も聞かず拒否を貫いた。[16] 静岡新聞も、統合の過程で読売が介入し激しく対立した経緯があるだけに、「読売新聞記者入るべからず」と札を出し

て拒否の姿勢を示した[17]という。

だが持分合同の結果、地方紙は夢想だにしなかった大部数を印刷することとなり、実際に利益も増大し、紙面も刷新された。地方紙の「持分合同前」と「持分合同後」の発行部数比較は、上毛新聞（二万五〇〇〇部が二三万六〇〇〇部）、茨城新聞（二万八五〇〇部が二四万一〇〇〇部）、信濃毎日（八万七〇〇〇部が二八万六〇〇〇部）、伊勢新聞（三万七〇〇〇部が一三万二七〇〇部）、愛媛新聞（五万二〇〇〇部が一三万五〇〇〇部）というように軒並み大幅増加した。[18]

多くの地方紙にとって、戦時下の「一県一紙」による統合、「共販制」による全国紙の販売抑制、そして「持分合同」による全国紙の部数の割譲は、同一県内での地方紙間の競争、全国紙との競争という長年の競争構造からの解放を意味した。つまりは戦時言論統制の結果、「統制特需」の恩恵を受け、営業利益を挙げたのである。「持分合同」は終戦を受けて同年十月には解除されたが、数ヵ月とはいえ、全国紙の出向社員から技術を学び、さらに「（戦後）二割前後の読者は地方紙に残った」[19]など、一県一紙の統合と並び、持分合同は地方紙の基盤形成に大きくプラスに作用したと言える。

第十三章　巣鴨プリズン

一九四五（昭和二十）年八月、日本は戦争に敗れた。

終戦後、あらゆるものがGHQの支配下に置かれ解体される中、日本のプロパガンダを担い、海外に情報を発信し続けた唯一の通信社「同盟通信」もまたその対象となった。

古野は捲土重来を秘め、自らの手で同盟の看板を下ろした。そして数少ないメディア人としてA級戦犯の十字架を背負い向かった巣鴨プリズン。その同房で見たのは——他ならぬ宿敵・正力松太郎の姿だった。

八月十五日の光景

一九四五（昭和二十）年八月十四日午前、御前会議が開かれ、ポツダム宣言の正式受諾と終戦の詔勅の発令が決定された。この終戦という政府方針のニュースは、同日深夜午後十一時過ぎ、首相官邸の地下防空壕で、内閣記者倶楽部に発表された。但し、十五日正午に放送される昭和天皇の玉音放送終了後まではオフレコ（公表は厳禁）で、新聞の読者への配達も玉音放送終了以降という条件が付された。[1] 地方紙へは同盟の配信で伝達された。

各紙の十五日付け紙面は、朝日が「戦争終結の大詔渙発さる」の大見出しで、社説「一億相哭《そうこく》の秋《とき》」、毎日が「過去を肝に銘じ　前途を見よ」、読売が「大御心に帰一せん」という社説をそれぞれ掲げ、一億総懺悔《ざんげ》という主張を早くもにじませている。朝日社説の「相哭」とは、皆で泣くという意味である。同紙は二面に「玉砂利握りしめつつ　宮城を拝しただ涙　嗚《あ》呼《あ》・胸底抉《えぐ》る八年の戦い」という記事を掲載している。「一記者謹記」と記しているように、同紙の記者が玉音放送直後に、宮城前広場へ行った際の自身の体験を「私は『天皇陛下』と叫び、『お許し』とまで言って、（流れる涙のため）その後の言葉を続けることが出来なかった」などと記している。

新聞では通常、その日付の朝刊紙には前日のニュースが掲載され、その日午前のニュースは夕刊に掲載される。しかし、昼過ぎに書かれた体験記事が、同日付朝刊に掲載されたのは、用紙が枯渇しているため、新聞会の指示で、一九四四年三月六日から朝夕発刊している新聞の夕刊発刊は禁止されていたこと。さらに八月十五日付新聞は、玉音放送終了後という制限があったため、同日午後に印刷されたためである。

原爆報道の抵抗

敗戦国ドイツでは、連合国軍の命令で、新聞、通信社、放送局の報道メディア全てが廃社された。これに対し、同じ敗戦国であっても日本の新聞は、全て存続した。むしろ戦後に、全国紙、地方紙共に発行部数を増加させた。つまり、言論統制の妙で「焼け太り」とも言える様を呈したのである。

ただ、進駐してきたGHQは全てを野放しにしたわけではなかった。「言論及ビ新聞ノ自由ニ関スル覚書」（九月十日）、「新聞ノ政府ヨリノ分離ニ関スル覚書」（同月二十四日）、「新聞ノ自由ニ関スル追加措置」（同月二十七日）などを日本政府に発令し、新聞紙法はじめ新聞事業令など言論統制に関する諸法令の廃止を求めた。また、メディアそのものに対しても厳しい検閲や規制を課し、さらに一般国民に対しても郵便物の開封、電話の盗聴など、戦時下の日本よりも厳しい統制を実施した。

そんな中、GHQが日本メディアの戦争責任追及で最もやり玉に挙げたのは、同盟であった。戦時下で同盟発の記事は、「敵国日本」の情報として、米ニューヨーク・タイムズ紙にも掲載されており、GHQにとって最も身近な日本メディアが同盟であったということもあるだろう。さらに同盟が原爆を非難する報道を積極的に展開したことも理由として挙げられる。

同盟は原爆投下を「あのような恐怖を与える道徳的権利をいかなる人間が有するものか」（八月二十六日）という批判や、破壊された長崎の浦上天主堂を紹介した記事を、米英の新聞、通信社向けに連日報道し、九月には『原子爆弾』と題する小冊子も出版した。こうした同盟の積極的な原爆報道は、「原爆投下を非難することで、少しでも日本の戦争責任を軽減しよう」という情報局の意向を受けたものであった。これが情報局と同盟が連携した、最後の「情報戦」となった。

同盟の報道に不快感を募らせたGHQは、九月十四日、同盟に「全ての業務を停止する」よう命じた。これはマッカーサーの直接の指示によるものであったという。米通信社UPの社長H・ベイリーの回想録によると、それは以下のような経緯であった。

同日昼、ベイリーと同社極東支配人マイルズ・ボーンはマッカーサーと昼食を共にした。「(ベイリーは)食事の中で『元帥の日本人に対する態度が甘いと、米本国では評判が良くない』と話し、米兵がいたるところで騒ぎを起こし、日本国民を虐待しているという同盟のニュースを示した。元帥は紙切れに何か走り書きして副官に渡した。副官に紙切れを見せてもらうと、『Close Domei(同盟を閉鎖せよ)』と書いてあった」[2]。

UPは電通と契約を結んでいたが、同盟設立を機に契約を解除され日本からの撤退を余儀なくされていた。そのため同盟に含むところがあり、また日本進出の足掛かりを策し、ことさらマッカーサーに同盟批判を展開したと見られる。

だが同盟の配信がなければ、日本放送協会はニュースを放送できず、地方紙も紙面を構成できないため、慌てたGHQのメディア担当ドナルド・フーバー大佐がマッカーサーを説得し、この命令は撤回された。その一方でフーバーは、古野はじめ河相達夫情報局総裁(一九四五年九月十三日から)らに出頭を命じ、「日本は文明諸国の権利を有していない敗戦国だ。虚偽や誤解を与える記事は今後許さない」と検閲の強化を宣言し、とくに古野に対し「同盟の業務再開は許すが、対外ニュースの送信や同盟の海外支局から送られてくるニュースの受信は許さない」と厳命した。部屋から出て来た古野は「暴力団だからね」と一言もらした。[3]

同盟の解体

ＧＨＱ内では「御用通信社だった同盟をつぶしてしまえ」という声が強かった。だが、フーバーは、ＡＰ通信社に記者として勤務した経験から通信社の役割を熟知していたため、「同盟を占領軍の宣伝機関として逆用した方が賢明、と判断していた」という。[4]

同盟に対する批判は、全国紙からも起きた。敗戦国ドイツでは既存の新聞が全て廃刊処分に付されていたため、全国紙は「日本でも同様に全廃されるのでは」という不安を抱えていた。それを阻止するため「戦争協力の元凶は同盟」と、同盟を悪者に仕立て上げ、自身の責任を隠す必要があった。毎日の高田元三郎によると、高田は旧知のボーンにＧＨＱの意向を確かめるよう依頼し、ボーンから「元帥は、全国紙の廃刊などは考えていない。しかし同盟は危ない」という回答を得たという。ボーンのそれは、先のマッカーサーとの会談を踏まえてのものであった。

マッカーサーの意向に安堵した朝日、毎日、読売の全国三紙は、同盟に代わる新たな通信社の設立を密かに計画し、新通信社の名称は「日本協同通信社」とし、責任者には同盟幹部であった上田碩三を充てることで合意した。[5] 先に指摘したように、正力は事あるごとに上田を古野の対抗馬として推してきたという経緯がある。

全国三紙が秘密裏に進めた新通信社の設立は、意外なことから同盟に漏れた。AP通信社から読売の正力へ宛てた電報が、同盟へ誤配されたのである。電報は「APは同盟と契約を結ばない。全国三紙の申し出は承知した」というもので、即ちAPは全国三紙が画策している新通信社と契約し、同盟を排除するという内容であった。全国三紙が新通信社の設立を画策していること、またAPがそれに同意していることに、古野はじめ同盟側は衝撃を受けた。さらに地方紙も新たな通信社設立の動きを示しており、「同盟解体」を前提とした動きが顕在化した。[6]

こうした状況を前に、古野は同盟を二つに分社（解体）することを決意した。古野はその時のことを「第一次、第二次大戦の戦敗各国のナショナル・ニュース・エージェンシーの運命が、よい実例である。我が同盟通信社も亦、此の例外であり得る筈はない。九月二十四日、フーバー大佐を訪れた。『同盟は諸般の事情を考慮し、自発的に解散するに決定した』と通告したら、フーバー大佐はスッカリ面食らったらしい。二、三分唖然としておったが、ようやく『賢明なる決定は必ずや財閥その他に対し、いい手本になるだろう』と応答した」[7]と記している。

古野の構想は、一般ニュースを新聞、放送局向けに配信する組合組織「共同通信社」と、経済ニュースを中心に官庁、企業向けに配信する株式会社組織「時事通信社」の二つに分割解体するものであった。その意図は占領が終了した段階で、両社を再統合し、同盟の復活を期すことに他ならず、それは「不死鳥、火に入る」という古野の記述からも窺える。しかし、構想通りにはならず、共同、時事の両社が並立のまま現在に至っている。

フーバーに通告してから約一ヵ月後の一九四五（昭和二十）年十月三十一日、同盟は解散した。

古野による同盟最後の訓辞。「報道報国」の扁額が見える（1945年10月31日）

古野は「同盟は玉砕したのである。その首脳部と機構をバラバラに解くのである。二つの区分になるが、同盟の仕事は続けられてゆく」と、社員に最後の訓示を行った。一九三六年に設立された同盟は、九年間の活動期間のほぼ全てを戦争と共にし、こうして古野の手でその幕は閉じられた。

戦後に共同通信社の初代理事長を務めた伊藤正徳は、同盟の解体を次のように評している。

「大日本の大が吹き飛び、その上に小の字を冠るような敗戦の大暴風だ。一通信社の興廃の如きは木の葉が飛ぶくらいだ。その暴風雨だけに対してなら、同盟は保ち耐えることが出来たであろう。ところが実は肝腎の幹に虫が喰って居り、そこから折れて枯死の運命を免れない事情にあった。大樹・同盟は内と外との両面から倒れた。同盟の本態は全国の新聞社の共同機関である。ところが、新聞社側は（同盟が）倒れるのを当然視し、揺さぶった形跡さえある。大資本新聞（全国紙）の制覇に対して、小新聞（地方紙）を保護せねばならぬという古野の方針は、その闘志強き性格の故に（全国）三大新聞社との溝を深くした。古野は自制の途も心得、政治も心得ていたが、彼を近くに取り巻いた記者の一連は、同盟の威勢、古野の実力を背景に、新聞社共同の機関に働いているという身分を往々にして超越した。また同盟は地方新聞の面倒を見た。（しかし）田舎新聞などと呼び捨てる同盟一部記者の言葉は、地方紙でも一国一城の誇りに対しては罵倒とも響いたであろう。本来から同盟の死を救うべく努力し、お通夜を荘厳にするだけの義理があると思われた地方紙が、冷たく（同盟を）送り去ったのは前記の感情を反映するものであった」[8]

巣鴨の弁明

同盟の解散を終えた古野へ、A級戦争犯罪人容疑者として出頭を命じる逮捕状が執行された。メディア関係でA級戦犯に指定されたのは、古野の他に正力、徳富蘇峰、緒方竹虎、下村宏の四人である。古野は同盟社長、正力は読売社長として戦時期のメディアを主導したこと、蘇峰は言論の指導者、緒方、下村は情報局総裁を務めたことなどが容疑の根拠となったと思われる。

しかし実際に巣鴨プリズンに入獄したのは、古野と正力の二人だけである。戦犯に指定された古野は緒方を訪ね、「私は元気だから巣鴨に行くが、身体の悪い緒方さんは行く必要はない」と説得したという。[9] 結局、緒方、蘇峰は自宅療養が許され、下村も出頭後すぐ釈放されている。

古野は一九四五（昭和二十）年十二月十二日に出頭したが、その時の心境を「若者が祖国のために、何万何十万と死んでいったのだ。五十面下げて生き残ろうとは夢にも考えていない。私は足どり軽く巣鴨プリズンの門をくぐった」[10]と記している。

古野の容疑は「侵略戦争の計画、開始、遂行への責任」であった。「国際検察局（IPS）尋問調書」[11]によると、尋問は古野の経歴や政府の検閲に関するものが主で、同盟と情報局との関係についての尋問に古野は「関係はない。同盟は新聞社で構成する組織である」と公式論でかわし、「検閲が厳しく、私や編集者が配信すべきと考えた記事も、検閲された」と、被害者ぶりを強調した。結局「古野の侵略戦争への加担や、超国家主義団体との関係も見られない。同盟が宣伝活動をしたのは確かだが、その責任は陸軍や情報局にある。古野は従わざるを得なかった」と判断され、翌四六年八月に不起訴、釈放された。八ヵ月余の入獄であった。正力は古野より長く勾留され、四七年九月に不起訴、釈放された。

軍事法廷に立つ古野（1947年10月6日）

新団体に残された火種

終戦を受けて、新聞メディアは戦時下に緒方竹虎の指示で設立した新聞公社を解散し、一九四五（昭和二十）年九月、全国の有力新聞を会員とした業界団体「日本新聞連盟」を設立した。戦時下、統制団体の新聞連盟、新聞会が業界だけでなく政府も参加する構成となっていたのを、政府側を外して業界のメンバーだけとした。会長には毎日の高石真五郎、理事長には読売の務臺光雄を選任し、定款で、編集、経営の改善に必要な研究、新聞紙の配給、用紙その他資材調達の連絡などを活動事業と定めた。

用紙は統制品目に指定されていたため、連盟は、GHQに用紙の調整割り当てに関与することを希望した。だがGHQは連盟を戦時下の統制団体と同一視し、「連盟が用紙の配給統制に関与することを禁じる」という指令を発令するなど、連盟に対し不信感を抱いた。さらに連盟内部でも混乱が起きた。運営費の拠出や運営費の保有をめぐり、連盟幹部と会員である新聞社が対立し、高石、務臺ら幹部が退陣する事態に発展したのである。

こうした中、GHQは新聞各社の代表を招き、マッカーサーの希望として「日本新聞界が自発的に一つの団体を組織し、速やかに規理基準を確立する」よう求めた。このため共同通信社の理事長である伊藤正徳を「世話役」として、新聞各紙の代表者が集まり、新組織案や新聞倫理綱領の草案を練った。倫理綱領は「GHQと絶えず連絡を取り、米国の実例を研究し、我国固有の事情や習慣を参酌して作成した」[12]という。これを受けて、連盟は解散され、一九四六年七月に「新聞倫理綱領の恪守を確約する全国の日刊新聞社」を会員とする新たな業界団体「日本新聞協会」が設立され、現在に至っている。

新聞協会の初代理事長には伊藤が、事務局長には同盟ブエノスアイレス支局長の経歴を有する津田正夫が就いた。新聞業界の団体が、戦時期と同様、通信社が主導して結成されたのは興味深い。共同が同盟と同様に、「全国の有力新聞を会員とした協同組合組織であった」ことを理由としている。だが、新聞業界では、全国紙と地方紙の対立が戦後も継続しており、業界団体としてまとまるには、通信社という異なるメディアが調整役として必要であったことが挙げられる。

そして全国紙と地方紙の対立は、この共同を舞台に再燃した。一九五二年九月には全国三紙が揃って、突如として共同から脱退する事態に発展したのである。この背景には「（全国紙は）共販制が廃止され専売制が復帰すれば鎧袖一触、地方紙は軍門に下るだろうと高をくくっていた。ところが専売制が復活してみると、地方紙が地元読者に食い込んでいるという事実にぶつかった。地方紙は共同の通信に依存している。全国紙は共同の維持費の二五％を負担している。これは地方紙を育成するために金を注ぎ込んでいる様なものだという議論が、地方紙に手痛い打撃を受けている毎日、読売の間に起こってきた」[13]ということがあった。

当時、全国紙は、朝日〈AP、ロイター、AFP〉、毎日〈UP、AFP〉、読売〈AP、INS、AFP〉というように、それぞれ個々に外国通信社と契約関係を結んでいたが、脱会に伴う共同の外電の不足を補うため、朝日はUP、毎日はロイター、AP、読売はUPと、契約を結んでいない外国通信社に契約締結を求めた。だが、いずれの外国通信社も共同との関係を重視して契約を拒否した。このため全国紙も、仕方なく共同への復帰を申し出て、約三年半後の一九五六年二月に復帰した。こうした事例は、報道メディアを形成する全国紙、地方紙そして通信社という三つの対立、絡み合いが、戦時期同様に継続していることを示している。

古野と正力

これまで見て来たように、戦時期のメディア業界を主導した古野と正力の二人は、随所で対立した。両者は、親身になって部下の面倒をみるという親分気質、清濁併せ呑む懐の深さという共通点もあるが、様々な点で様相を異にしている。古野が早く父を亡くし母が零細な機織業を営む家庭で育ったのに対し、正力は土木請け負い業の父の下、期待を背負い育った。古野が高等小学校卒、英語専門学校、早稲田専門部中退と苦学したのに対し、正力は旧制四高、東京帝大、内務省キャリア官僚とエリートの道を歩んだ。メディアとの出会いも、古野が米AP通信社東京事務所の給仕として採用されたのに対し、正力は警視庁幹部を退官後、読売を買収し社長としてスタートした。また古野が公益法人である同盟という通信社、正力は私企業である読売という新聞の経営者という違いも存在する。

こうした個人的な要因以外に、二人の背景には大きな「対立軸」が存在した。一つは、全国紙と地方紙という対立軸である。先に指摘したように、一九四〇（昭和十五）年の新聞業界は、「全国紙が、地方紙を盛んに買収した。とくに正力さんの馬力は強く、全国全てを支配下に置こうと意図し、これに刺激されて対抗上、朝日、毎日も買収や、裏から紐を付けるとかする。このままでは、全国の地方紙は全て、全国三紙に買収される恐れがあるという状況に置かれた」[14]。このため地方紙は強い危機感を抱いて、全国紙と対立した。こうした状況下で古野は、地方紙の庇護者として、全国紙の地方への販売攻勢阻止に動いた。

もう一つは、メディアの在り方をめぐる対立軸である。企業体としてのメディアは、国民に情報を伝える「公的な側面」と同時に、営利を追求する企業という「私的な側面」という両面がある。古野は「新聞が公器として本来の役割を果たすため、その営利第一主義を排する」と「公的」意識の重視を主張した。情報局次長の奥村と共に、全国の新聞社を一つの会社に統合する「共同会社設立案」を作成したのは、そうした考えを具現化したものといえる。これに対し、正力は私企業の経営者として、営利追求という「私的」意識を重視し、同案に対しても強く反対した。古野は正力を「新聞という公的事業を、カネ儲けの道具とする脂ぎった経営者」、正力は古野を「権力に擦り寄り、その力を借りて業界の主導権を握ろうと、陰謀を巡らす野心家」と、それぞれ見立てて対立した。

巣鴨プリズンに共に入獄した古野と正力は、獄で同じ房であったという。古野は「（正力とは）朝晩一緒に暮らした。表面は非常に円満だったよ。しかし（正力は）検事に『古野はファッショで、自分はリベラルだ』とでも言ったと見えて、共同会社設立案について（検事から）随分調べられた」[15]と述べている。正力は共同会社設立案に反対したことを「言論の自由を守るため戦った証拠」とアピールし、古野を同案の作成者として告発したわけで、獄でも二人は競い合ったことになる。

出獄後も、二人が対立する場面は続いた。一九五二年、吉田茂内閣の副総理であった緒方竹虎が海外情報を収集、分析する情報機関を政府部内に設置する構想を発表した。これに対し、強い反対論が出されたが、それは「緒方の背後で古野が内閣情報局、同盟の復活と、自身の復権という陰謀を廻らせている」というものだ。

当時の雑誌、月刊誌『人物往来』は、「いま新聞界は冬眠からさめて自由競争時代に突入しつつある。この新聞戦国時代はラジオ、テレビ、通信さらには政府の情報機関の諸問題とも絡み合って、戦前には想像もつかなかった複雑かつ激烈な様相を呈している。正力松太郎、古野伊之助、前田久吉の三人物こそ言論界戦国時代の動向を左右する三怪物だ」と指摘し、「超弩級の精力家、正力松太郎」「国士か策略家か、古野伊之助」「中央突破の梟雄、前田久吉」と評している。その上で、古野について「彼は、しばしば吉田首相と会って、情報機能の整備強化を進言している。緒方の情報機関設置構想を利用して、古野が同盟の復活を企てているという疑惑が生まれている」（一九五三年三月号）と報じている。

月刊誌『丸』も「新聞通信界に怪物の名に値する人物を求めれば、戦前戦後を通じて、読売の正力松太郎と古野伊之助の二人ぐらいのものであろう。正力と古野は、比較対照されるに足る好敵手、まさに犬猿の仲というべきものだ。その抗争では古野が名実ともに戦時下の新聞通信界を牛耳っていた頃、事あるごとに対立した。されば敗戦後、（正力は）、いち早く同盟の犯罪的行為を誹謗したパンフレットまで出し、古野追放と同盟解散に大きな役割を演じた。正力と古野は相対抗する怪物同士だけに共通点もある。どちらも今日、新聞通信界の覇者たろうとしている。正力が民間マイクロウェーブを設置して日本をアメリカの世界通信網の一環とすることによって日本の言論通信機関を牛耳ろうとしているのに対し、古野は通信の国策一元化の夢を今なお捨てず、それは緒方構想の新しい国策情報機関の設立という動きになって現れている」（一九五四年十一月号）などと指摘している。

このマイクロウェーブとはテレビの多目的通信網を意味し、正力は自身が経営する日本テレビを拠点として全国に通信網を整備することを企図した。そのための資金は、アメリカのＣＩＡ（中央情報局）の斡旋で、巨額の借款をアメリカの銀行から受領し、その見返りに技術面を含めて全てをアメリカの主導に委ねるというもので、「正力マイクロ波事件」と称され、政治問題化している。

先に指摘した、全国三紙の共同からの脱会（退社）騒動でも、背景には二人の対立が存在していた。公職追放を解除された古野が、共同の理事に就任したことに全国三紙は警戒感を抱き、「（全国三紙の共同からの脱退は）かつて同盟王国を創り、全国新聞社をその風下においた古野が、共同を再び牛耳る気配が強いと見えたからだと言われた。三紙のうち最も熱心な共同脱退論者は正力の読売だった[16]」と指摘されている。

古野は、吉田首相から一九四九年二月に成立する第三次吉田内閣に、文相か保安庁長官のポストで入閣するよう打診された。吉田とは古野が国際の北京支局時代からの知り合いで、当時吉田は天津の総領事であった。また吉田は古野が私淑する重臣の牧野伸顕の女婿であったため、両者は国際問題を語り合う間柄でもあった[17]。

また入閣だけはなく、一九五三年四月の参院選挙では自由党の候補として三重選挙区から出馬するよう求められた。これは第四次吉田内閣の副総理であった緒方竹虎の推薦に依るものであった。

しかし、このいずれも古野は固辞し、政治の表舞台に立つことはなかった。共同、時事、電通という同盟の関連会社の役員の他に、日本電電公社の経営委員長を務めた。電電公社の委員は、一九五二年八月に電電公社が発足した際に、第三次吉田内閣の電気通信相であった佐藤栄作が「古野さんは（同盟通信社の社長として）民間人で電信電話を一番多く使った人だから、ぜひ委員に出てくれ。公共目的を達成するためだから、報酬は差し上げない」と要請し、古野は「利益を目的としない公社であることや無報酬が気に入った」として受けたという。[18]

「古野さんは、昭和三十一年に緒方さんが急逝したのを契機に、好々爺になったような気がする」[19]と岡村は語っているが、その言通り、「盟友」緒方の死去で気力が萎えたのであろう。「日々是好日」という文字を揮毫するという静かな晩年を過ごし、一九六六年、七十四歳の生涯を閉じた。古野の通夜には、正力が列席した。戦前に新聞社社長を務めた中で通夜に列席したのは正力だけで、犬猿の仲と思われていただけに「霊前に焼香、しばし瞑目する正力の姿は集まった人々の心を強く打った」[20]という。好き嫌いや信条の違いはあったものの、互いに手腕は認め合っていたのであろう。一方の正力は読売社主、日本テレビ社長に加えて、政界入りし科学技術庁長官を務めるなど戦前同様に表舞台で力を振るい、一九六九年、八十四歳で死去した。

エピローグ

生き続ける「言論統制」

「暗黒時代」と言われる戦時期の、言論統制が形成される過程を検証してきた。それは、メディア業界の興亡と、新聞の履歴を検証する作業とも言える。

この時代は国家の存亡をかけた戦いが展開される中、緊張した重苦しい空気に包まれていたことは言うまでもない。だが、歴史検証の光を照射すると、メディアは圧迫に喘ぐ被害者という弱々しいものではなく、「思想戦戦士」を自任して時代に対応しようとした参加者としての力強い姿が浮かび上がる。

歴史を読み解くには、複雑なことを複雑なままに読み解く誠実さが必要であるとされる。しかし、戦時期の場合は、自らの後ろ暗い過去を直視する勇気を持てないまま、軍部だけを「悪」とする大前提で、多くの事柄が論じられてきた。そのため、最初に貼り付けたレッテルに惑わされ、それによって描き出される時代の様は、実相とは言い難いものとなる。

「言論統制」は、その代表的な事柄である。戦時下に自由な言論を封じる統制によって、報道の自由が喪失に追い込まれたのは確かである。その意味で、新聞メディアは被害者であったという側面があることは否定できない。だが、詳しく検証すると、さまざまなことが見えてくる。中でも重要なことは、言論統制というメディアを対象とした統制は、実は被対象であるメディア自身が「新聞新体制」というスローガンを掲げて参加し、自らを形成していったということである。さらに統制という巨大な力によって、明治以来の日本の新聞事業の合理化が著しく促進された「改革」という側面があったことも間違いない。

その証拠に、戦時に形成された言論統制の産物のいくつかは、現在のメディア業界でも温存されている。なぜ戦後、七十年余を経た現在も継承されているのだろうか。それは、統制が一定の合理性を有していたためである。では、なぜ統制が一定の合理性を有していたのだろうか。それは、統制にメディアが参加し、自身で作成したからに他ならない。

古野伊之助はメディアの自主的な統制団体である新聞連盟を結成する際、「早晩、政府が強制的に統制を講じるのは必至で、不利な統制を呑まされるよりも先手を打ち、業界自身が統制会を設立し、自らの手で好ましい統制をした方が良い」と語っているが、それは必ずしも統制を糊塗した言葉ではない。

「一県一紙」という特権

現代に継承されている代表的なものに、「一県一紙」という新聞の全国分布がある。これは新聞統合という統制の結果、実現した。新聞統合は、新聞発刊の母体である新聞社を国家権力により強制的に整理統合するため「戦時の言論統制時代の象徴」と位置付けられている。だが、それによって地方紙は経営基盤を確立し、現在に至っていることも確かなのである。

新聞各紙は戦後に社史を編纂している。その多くは、明治期に創刊した新聞を出発点として「自由民権運動で、政府を厳しく批判する新聞として創刊された」と詳しく記述している。だが、戦時期に新聞統合という統制によって創刊、あるいは再出発したという歴史については、現在に繋がる重要な事柄であるにもかかわらず、その記述は実に素っ気ない。そればかりか新聞統合が、国家権力により強制的になされたことだけを、批判的に記述することも多い。

例えば、富山県の「北日本新聞」は、富山日報、北陸タイムス、北陸日日、高岡の四紙が一九四〇（昭和十五）年八月一日に統合し、創刊された。同紙の統合は、矢野兼三知事の指示で、県警察特高課の鰐渕国光警部補が担当し、同紙の創刊後に鰐淵は主幹として同紙に入社したという特異性を有している。同紙は一県一紙の早い段階で統合したため、その後の一県一紙の先駆として評価され、鰐渕も全国に知れ渡る存在となっている。

これについて、『北日本新聞社八十五年史』（一九六九年刊）は、矢野知事を「積極的な推進の役割を演じた」、鰐渕を「新聞合同の功労者」と記し、特高警察官入社の経緯を「（統合した四紙の）旧社意識はなかなか抜け切れない。調停役の立場を取るためにも、鰐渕警部補と藤井誠治巡査部長二人の入社を懇願した」[1]と率直に記している。

だが、その十五年後に出された『北日本新聞１００年史』（一九八四年刊）では、矢野知事を「時の県知事矢野は（統合の）早期実現に異常な執念を持った。矢野はハンディーを背負った独学のノン・キャリア組であり、少しでも中央の覚えを良くするため点数稼ぎにあせったらしい」と評している。鍔渕についても「役員の顔ぶれは、特高（警察）が作成した。強権を持つ特高（警察）に向かって異論を唱えることはできなかった。旧社ごとに閥が構成され、同じ釜の飯を食う意識が芽生えるまで少し時間がかかった。そこで調停役として鍔渕と藤井に入社を懇望、（二人は）入社した。鍔渕は入社後も社内ににらみをきかしていたが、昭和十七年秋、社を去った。ある稟議書に無断で社長の決裁印を押したことが発端だともいわれている」[2]と憎々しげとも受け取れる表現で記述している。

さらに同紙が刊行した『富山県言論の軌跡』（二〇〇〇年刊）でも、矢野知事を「矢野知事は私学出身で、中央の覚えをよくしようと、統合を実現させるため、熱意をもって取り組んだ」と記述し、鍔渕については一切言及せず、「新会社の役員の顔ぶれ、採用する社員は素行が悪い者はもちろん、社会主義的思想を持つ者は、すべてはじき飛ばされた。強権を持つ特高（警察）が人選をしていたからにほかならない」[3]と批判している。

戦時期の言論統制によって経営の基盤を整備したことや、発行部数が保全され、用紙、インクも安定供与されたという「特権」享受の事実に対する言及はない。こうした自らを「被害者」の立場に置き、圧迫だけを強調するという記述は、他の地方紙の社史の多くも同様である。

「軽減税率」と「記者クラブ」の問題

メディア業界の在り様も、戦時期を引き摺る体質として挙げられる。「業界主義」と呼ばれるその行動様式は、日頃、報道内容や部数で競争を展開しているものの、「メディアの公的存在」

を名分として共通の利益保持のため一致して政府に陳情を行い、便宜供与を得ることを特徴としている。戦時期にメディアは、業界挙げて自主的に統制に参加し、一方で発行部数の確保や用紙、インクの優先供給という「特権」を享受した。

現在の業界団体である日本新聞協会が、戦時期に統制団体として存在した新聞連盟や新聞会という業界団体と理念が全く異なることは、言うまでもない。しかし二〇一九年の消費税率引き上げの際、新聞が軽減税率の対象となるように業界挙げて国に陳情し、要求通り対象となったことは、戦前から受け継いだ業界主義の成果と言えなくはない。

記者の意識はどうであるだろうか。戦時期に記者倶楽部が完全に当局の管理下に組み入れられたことで、安易な「サラリーマン意識」が醸成されたと、指摘されている。現在の記者がそうでないことを期待したいが、当局の発表を鵜呑みにし、そのまま記事にするだけに留まっているならば、それは戦時期の記者の意識を引き継いでいることに他ならない。

つまり、「業界主義」「サラリーマン意識」のいずれも、戦時期の言論統制の形成過程に、ルーツを辿ることが出来るのである。その中から教訓を得ようとする、誠実な姿勢が求められる。

「新聞資本主義」の克服

本書では、事象の是非、即ち歴史的評価を下すのを出来るだけ抑え、「何が、どのように行われたのか」という事実の提示を心掛けた。軍部が掌握する国家を「加害者」とし、メディアを「被害者」とするステレオタイプ史観では、そのフィルターによって事実が隠され、あるいは歪められるためだ。是非を論じるならば、その前に、まず事実を把握すべきであろう。

事実を提示することで、何が見えるのだろうか。

戦時期は異常で特異な状態にあった。しかし、その極限状態で行われたことは、現代と無縁ではなく、むしろそこに現代の日本メディアの体質が凝縮されていると見るべきではないか。歴史は、終戦を境に断絶しているのではなく、継続しているのである。

戦時期に国家は「総力戦」の名の下に、全てを戦争目的に動員した。メディアは「聖戦完遂」という国民世論を形成するための醸成装置という役割を求められた。これに応じて、メディアは積極的に戦争に参加した。愛国心は否定できないものの、そこには企業の組織の維持や拡大を図ろうという営業的目論見が存在した。

そうした意識を緒方竹虎は「新聞資本主義」という言葉で表現している。進んで国家と結び、「もたれ合う」関係を形成し、それによって特権を享受し、組織の維持、拡大を図ろうという意識で、戦地への従軍記者の派遣、兵器献納など協力事業を展開したのは、この「新聞資本主義」に基づくものであったという。そして、この「新聞資本主義」が、現在においても五輪報道やコロナ禍報道などで繰り返されていると感じるのは、筆者だけではないだろう。

『武士道』の著作で名高い新渡戸稲造は、「SENSE OF PROPORTION（センス・オブ・プロポーション）」という言葉を残している。旧制一高の教え子であった同盟の松本重治に与えた言葉とされているが[4]、いわば「バランス感覚」という意味である。これはメディアが国家に向き合う際の意識にも当てはまる。メディアは国家との間に、距離を置こうという意識を持たなければならない。距離を置くことで初めて、その言論は正統性を得る。逆に距離感を喪失すれば、正統性も喪う。「もたれ合う」ことを戒めた言葉と解釈できる。戦時期に松本が編集局長を務めた同盟は「国策通信社」を自称するなど国家との距離を喪失し、結局は帝国日本と運命を共にしている。

また「INTEGRITY（インテグリティ）」という言葉がある「高潔」「節義」「清廉」と訳され、記者を職業とする者にとって大切とされる。要は「身綺麗」を心がけ、利益を得ようという思惑を込めて取材対象者と接し、その取材対象者の意に沿う言説を吐くという卑しい行為を排する意味が込められている。

伊藤正徳は「軍部との関係を良好にしておくことは打算的に絶対必要と考えられた。軍人の中には酒席を好むものが多い。それらは、馳走を催促したこともあろうし、また反対に、新聞社の方から進んで彼等を料亭に招じたこともあろうし、ともかく『一緒に飲む』という交歓が悪習をなし、正視するに堪えぬものがあった」と記している。[5] 戦前期のメディアの様を検証する時、この単語を思わざるを得なかった。大仰にメディア倫理の大切さを説くつもりはないが、現在の様を見る時に遺憾ながら改めて、この単語を思わずにはいられないことも確かである。

＊　＊　＊

市政会館という趣のある建物が、東京日比谷に存在する。東京市政調査会会長の後藤新平が、安田財閥の安田善次郎から寄付を受け、一九二九（昭和四）年に落成した。建物の北側、公園に

かつて同盟通信社があった市政会館

面するのが日比谷公会堂、大通りに面した残りの部分が市政会館で、「東京都選定歴史的建造物」に指定されている。同会館で日本新聞連盟の理事会が開かれ、共同会社設立案などの激論が戦わされた。その後四二年一月からは同盟通信社が本拠を置き、戦後には同盟の後継の共同、時事通信社が一時、本社とした。つまり本書で記載した事柄の多くが、この建物を舞台に行われている。

筆者にとっても同会館は馴染み深い。時事通信社の政治記者として勤務したためで、壁の染みの一つ一つに同盟の歴史が刻み込まれている思いがしたものである。八〇年代後半から九〇年代初頭にかけてロンドン特派員として、サッチャー英政権、東西ドイツ統一、湾岸戦争、ユーゴスラビア紛争などの激動を取材したが、欧米記者との交流を通じて日本メディアの特性に気付かされた。これを究めたいという思いを抑え難く、帰国後しばらくして記者を廃業し、大学院等でメディア史研究に取り組んだ。同盟や新聞統合を主題とした研究の原点に同会館での体験が存在したことは否めない。

資料収集のため国会図書館へ赴く際、同会館の前を通る度に、「報道報国」と書かれた扁額を背にした古野の気配が感じられ、これまでの研究のまとめとして古野と向き合おうという思いが高まった。つまり同会館との縁が、本書執筆の動機やベースとなっている。

古野の遺族（長男改造氏の夫人）古野美智子さんからは生前の古野の興味深い話を聞かせて頂いた。新潮社編集部の竹中宏氏からはご助言を頂戴した。メディア史研究を指導してくれた諸先生はじめ、励ましてくれた多くの方々に、深謝の意を表したい。戦時期のメディアに関しては、未だに不鮮明な事柄が多々存在する。戦時期のメディア研究の深化を祈念し、筆を擱く。

言論統制関連年表

1931(昭和6)年	9月18日	満州事変勃発
1932(昭和7)年	3月1日	満州国建国宣言
	9月10日	情報委員会(非官制)設立
	12月1日	満州国通信社(国通)設立
1933(昭和8)年	3月27日	国際連盟を脱退
1936(昭和11)年	1月1日	同盟通信社設立(通信社の統合)
	2月26日	二・二六事件
	7月1日	内閣情報委員会(官制)設立
	9月28日	満州弘報協会設立
1937(昭和12)年	7月7日	盧溝橋事件勃発(日中戦争開始)
	9月25日	内閣情報部設立
1938(昭和13)年	4月1日	国家総動員法を公布
	6日	電力管理法・日本発送電株式会社法を公布
	8月	内務省が新聞統合に着手
1939(昭和14)年	4月5日	映画法を公布
	9月9日	古野伊之助が同盟社長に就任
1940(昭和15)年	4月15日	日本ニュース映画社発足(時事映画の統合)
	10月12日	大政翼賛会発足
	12月6日	内閣情報局設立
1941(昭和16)年	5月1日	日本ニュース映画社を日本映画社(日映)と改称

1941（昭和16）年	5月28日	自主的統制団体「日本新聞連盟」設立
	8月30日	重要産業団体令公布
	9月6日	御前会議「帝国国策遂行要領」（10月目途に戦争準備）決定
	同月17日	政府が日本新聞連盟へ、新聞統合を諮問
	10月15日	ゾルゲ事件（尾崎秀実逮捕）
	18日	東條英機内閣発足
	11月5日	御前会議「帝国国策遂行要領」（12月初旬、戦争開始）を決定
	同日	新聞共同会社設立案を提示
	24日	田中都吉新聞連盟理事長が衆議統裁、政府へ意見書を提出
	28日	政府が「新聞ノ戦時体制化ニ関スル件」を決定
	12月8日	太平洋戦争開始
	13日	新聞事業令を公布
1942（昭和17）年	2月5日	統制団体「日本新聞会」設立
	6月15日	政府が四大都市圏の新聞統合を閣議決定
	11月1日	一県一紙の完成（新聞の統合）
1944（昭和19）年	7月22日	小磯國昭内閣発足　緒方竹虎が情報局総裁に就任
1945（昭和20）年	3月1日	日本新聞会解散、日本新聞公社設立
	4月1日	持分合同の実施
	同月7日	鈴木貫太郎内閣発足　下村宏が情報局総裁に就任
	8月15日	終戦
	10月31日	同盟通信社解体
1946（昭和21）年	7月23日	「日本新聞協会」設立

主要参考文献一覧

朝日新聞社百年史編修委員会編『朝日新聞社史　大正・昭和戦前編』同社　１９９１年

朝日新聞販売百年史（東京編）刊行委員会編『朝日新聞販売百年史（東京編）』同社　１９８０年

有山輝雄・西山武典編『情報局関係資料』柏書房　２０００年

有山輝雄・西山武典編『同盟通信社関係資料』柏書房　１９９９年

有山輝雄『近代日本ジャーナリズムの構造』東京出版　１９９５年

天羽英二日記・資料集刊行会編『天羽英二日記・資料集』同刊行会　１９８４—92年

粟屋憲太郎・吉田裕編『国際検察局（ＩＰＳ）尋問調書』日本図書センター　１９９３年

井川充雄編『戦時戦後の新聞メディア界　日本新聞報』金沢文圃閣　２０１５年

一力一夫『地方紙・全国紙興亡百年史』河北新報　１９７５年

伊藤正徳『新聞五十年史』新版　鱒書房　１９４３年

伊藤隆・廣橋眞光・片島紀男編『東条内閣総理大臣機密記録』東京大学出版会　１９９０年

内川芳美『マス・メディア法政策史研究』有斐閣　１９８９年

内川芳美編『現代史資料・マス・メディア統制㈠』第40巻　みすず書房　１９７３年

内川芳美編『現代史資料・マス・メディア統制㈡』第41巻　みすず書房　１９７５年

緒方竹虎傳記刊行会編『緒方竹虎』朝日新聞社　１９６３年

岡村二一『岡村二一全集』永田書房　１９８０年

奥平康弘監修『言論統制文献資料集成』第13巻　日本図書センター　１９９２年

奥村勝子『追憶　奥村喜和男』自家本　１９７０年

奥村喜和男『電力国営』国策研究会　１９３６年

奥村喜和男『電力国策の全貌』日本講演通信社　１９３６年

小野秀雄『新聞研究五十年』毎日新聞社　１９７１年

小野秀雄『日本新聞史』良書普及会　１９４８年

加藤厚子『総動員体制と映画』新曜社　２００３年

神島二郎編『権力の思想』筑摩書房　１９６５年

川上富蔵編著『毎日新聞販売史　戦前・大阪編』毎日新聞社　１９７９年

城戸四郎『日本映画伝』文藝春秋新社　１９５６年

小林正雄編『秘　戦前の情報機構要覧』東京大学大学院情報学環学際情報学府図書室所蔵
佐々木健児追想刊行会編『佐々木健児』同刊行会　1982年
佐藤卓己『言論統制』中公新書　2004年
鈴木茂三郎『新聞批判』大畑書店　1933年
高田元三郎『記者の手帖から』時事通信社　1967年
通信社史刊行会編『通信社史』同刊行会　1958年
電通通信史刊行会編『電通通信史』同刊行会　1976年
電通編『五十人の新聞人』同社　1955年
東亜会編『東亜新報おぼえがき』同会　1984年
日本新聞会事務局編『日本新聞会便覧』同会　1944年
日本新聞協会編『別冊新聞研究　聴きとりでつづる新聞史』同協会　1975—98年
橋川文三『昭和ナショナリズムの諸相』名古屋大学出版会　1994年
久富達夫追想録編集委員会編『久富達夫』同刊行会　1969年
藤井忠俊『国防婦人会』岩波新書　1985年
古野伊之助伝記編集委員会編『古野伊之助』新聞通信調査会　1970年
細川隆元『朝日新聞外史』秋田書店　1965年
松村秀逸『三宅坂』東光書房　1952年
松本重治『上海時代』中公新書　1974年
満州弘報協会編『満洲の新聞と通信』同協会　1940年
御手洗辰雄『新聞太平記』鱒書房　1952年
宮居康太郎『日本新聞会の解説』情報新聞社　1942年
宮本吉夫『戦時下の新聞・放送』エフエム東京　1984年
武藤富男『私と満州国』文藝春秋　1988年
山田潤二『南十字星』創元社　1949年
山本武利『新聞記者の誕生』新曜社　1990年
山本武利ほか編　岩波講座『「帝国」日本の学知』第4巻　岩波書店　2006年
横溝光暉『昭和史片鱗』経済往来社　1974年

N・チョムスキー、E・S・ハーマン『マニュファクチャリング・コンセント』Ⅰ、Ⅱ、中野真紀子訳　トランスビュー　2007年

参考文献（各章）

プロローグ

1　井川充雄編『戦時戦後の新聞メディア界　日本新聞報』第5巻　金沢文圃閣　2015年　283、287、291頁
2　佐野眞一『巨怪伝』文藝春秋　1994年　294頁
3　清沢洌「ジャーナリズムの反動性と進歩性」『改造』昭和9年3月号
4　佐藤松男編『滅びゆく日本へ　福田恆存の言葉』河出書房新社　2016年　127頁
5　有山輝雄「戦時体制と国民化」『日本現代史』第7号　現代史料出版　2001年
6　鈴木文史朗『ジャーナリズム批判』弘文堂　1949年　35頁
7　『丸』昭和29年11月号

第一章

1　昭和15年、内閣情報局の設置に伴い、内務省警保局検閲課と改称
2　内務省警保局編『出版警察資料』、『出版警察報』東京大学大学院情報学環・学際情報学府図書室所蔵
3　小野秀雄『新聞の歴史』東京堂　1961年　41頁
4　1924年は『日本新聞年鑑』、以外は内川芳美「新聞読者の変遷」『新聞研究』1961年7月号から、いずれも各年度の新聞用紙の年間総消費量から一定の方式で算出推定
5　有山輝雄「『民衆』の時代から『大衆』の時代へ」有山輝雄・竹山昭子編『メディア史を学ぶ人のために』世界思想社　2004年　120―121頁
6　東京帝国大学文学部新聞研究室編『本邦新聞の企業形態』良書普及会　1934年　東京大学大学院情報学環・学際情報学府図書室所蔵
7　岡村二一『聴きとりでつづる新聞史』NO12
8　衛藤瀋吉、許淑真『鈴江言一伝―中国革命にかけた一日本人』東京大学出版会　1964年

9 赤沼三郎『新聞太平記』雄鶏社 1950年 49頁
10 熊倉正弥『言論統制下の記者』朝日文庫 1988年 49—50頁
11 マイケル・S・スウィーニィ『米国のメディアと戦時検閲』土屋礼子、松永寛明訳 法政大学出版局 2004年
12 内川芳美『マス・メディア法政策史研究』有斐閣 1989年 199頁
13 E・ルーデンドルフ『国家総力戦』間野俊夫訳 三笠書房 1938年 23頁

第二章

1 小林正雄編『秘 戦前の情報機構要覧』自家版 1964年 3—4頁
2 前芝確三、奈良本辰也『体験的昭和史』雄渾社 1968年 61頁
3 高田元三郎『聴きとりでつづる新聞史』NO8
4 日本国際政治学会太平洋戦争原因研究部編『太平洋戦争への道（別巻）』朝日新聞社 1963年 120頁
5 安藤達夫『新聞街浪々記』新濤社 1966年 141頁
6 同書
7 小野秀雄『日本新聞史』良書普及会 1948年 238頁
8 朝日新聞社編『朝日新聞七十年小史』同社 1949年 238—239頁
9 藤井忠俊『国防婦人会』岩波新書 1985年 45—46頁
10 朝日新聞社百年史編修委員会編『朝日新聞社史 大正・昭和戦前編』同社 1991年 656頁
11 満州国通信社編『国通十年史』奥平康弘監修『言論統制文献資料集成』第17巻 日本図書センター 1992年 42—43頁
12 松本重治「岩永さん・古野さん」電通編『五十人の新聞人』同社 1955年 360頁
13 前掲『国通十年史』19頁
14 重光葵『外交回想録』毎日新聞社 1953年 168—171頁
15 御手洗辰雄『新聞太平記』鱒書房 1952年 150—151頁
16 前掲『国通十年史』32頁

第三章

1 前掲 松本重治『聴きとりでつづる新聞史』NO12
2 松本重治『上海時代（中）』中公新書 1974年 32—33頁

3 岩永裕吉『国際通信社営業報告書』渋沢史料館所蔵
4 「新聞聯合社昭和9年度特別補助金の件」有山輝雄、西山武典編『国際通信社・新聞連合社関係資料』第2巻 柏書房 2000年
5 大川幸之助「かばん持ちの思い出」新聞通信調査会『新聞通信調査会報』同会 1964年 9月1日号
6 緒方竹虎「同盟結成の前後」岩永裕吉君伝記編纂委員会編『岩永裕吉君』同会 1941年 75—76頁
7 古野伊之助伝記編集委員会編『古野伊之助』新聞通信調査会 1970年 172—173頁
8 「新通信社設立ニ関シ情報委員会特別委員会設立ノ件」『本邦通信社関係雑件 同盟通信社』外務省外交史料館所蔵文書
9 天羽英二「国策通信社を回想する」『新聞研究（昭和28年10月号）』
10 「情報委員会ノ職務」『秘 戦前の情報機構要覧』
11 「同盟ニ対スル補助金支給ノ件」前掲『同盟通信社関係資料』第5巻 315頁
12 横溝光暉『聴きとりでつづる新聞史』NO8
13 淀矢瑳平「内閣情報部と『週報』の内幕」『話』文藝春秋社 1938年2月号『現代史資料 マス・メディア統制(二)』みすず書房 収録
14 前掲『古野伊之助』194頁
15 鈴木貞一「内閣調査局時代」奥村喜和男追想刊行会編『追憶 奥村喜和男』同刊行会 1970年 45頁
16 前掲 岡村二一『聴き取りでつづる新聞史』NO12
17 前掲 熊倉正弥『言論統制下の記者』朝日文庫 1988年 49—50頁
18 川面隆三「奥村喜和男さんを偲ぶ」『追憶 奥村喜和男』116頁

第四章

1 通信社史刊行会編『通信社史』同刊行会 1958年 369頁
2 満州弘報協会編『満洲の新聞と通信』同協会 1940年 17—18頁
3 前掲『国通十年史』370—371頁
4 森田久「満州の新聞は如何に統制されつつあるか」『満洲の新聞と通信』18頁
5 森田久『聴きとりでつづる新聞史』NO6
6 武藤富男『私と満州国』文藝春秋 1988年 351頁
7 李相哲『満州における日本人経営新聞の歴史』凱風社 2000年 174—175頁

8　前掲　武藤富男『私と満州国』338—346頁

第五章

1　横溝光暉「内閣情報機構の創設」『昭和史片鱗』経済往来社　1974年　246頁
2　近衛文麿「媾和会議所感」伊藤武編『近衛文麿清談録』千倉書房　1936年　97—101頁
3　前掲『通信社史』492頁
4　中支那派遣軍報道部「中支ニ於ケル報道宣伝業務ノ概況」粟屋憲太郎、茶谷誠一編『日中戦争　対中国情報戦資料』第3巻　現代史料出版　2000年　258—282頁
5　昭和14年に北支方面軍と中支方面軍が統一され、「支那派遣総軍」となり、昭和16年に派遣総軍の指揮下に再び北支方面軍が置かれた
6　「邦字紙発刊ニ関シ創設費出資ニ関スル件」『陸支密大日記』防衛省防衛研究所資料閲覧室所蔵文書
7　東亜会編『東亜新報おぼえがき』同会　1984年　3頁
8　佐々木健児追想刊行会編『佐々木健児』同刊行会　1982年　86頁
9　前掲『通信社史』492頁

第六章

1　加藤厚子『総動員体制と映画』新曜社　2003年　8頁
2　小津安二郎「今後の日本映画」『文化時論』第10号　1946年
3　奥平康弘「映画の国家統制」今村昌平・佐藤忠男・新藤兼人・鶴見俊輔・山田洋次編『講座日本映画　4』岩波書店　1986年　249頁
4　城戸四郎『日本映画伝』文藝春秋新社　1956年　185頁
5　前掲　加藤厚子『総動員体制と映画』68—69頁
6　前掲　城戸四郎『日本映画伝』184頁
7　田中純一郎『日本映画発達史　Ⅱ』中央公論社　1980年　366頁
8　前掲　城戸四郎『日本映画伝』185頁
9　同書　210頁
10　前掲『古野伊之助』280頁

11 同書　280頁
12 前掲　不破裕俊「回想映画法」264―265頁
13 同書　265頁
14 不破祐俊「映画法解説」『日本映画論言説大系　第1期　戦時下の映画統制期』ゆまに書房　2003年　551頁

第七章

1 伊藤正徳『新聞五十年史』新版　鱒書房　1947年　177頁
2 笠井秀夫『改正国家総動員法解説』東洋書館　1941年「序」
3 前掲『秘　戦前の情報機構要覧』265頁
4 緒方竹虎伝記刊行会編『緒方竹虎』朝日新聞社　1963年　111頁
5 高宮太平『人間緒方竹虎』原書房　1979年　176―177頁
6 同書　177頁
7 富田健治「好漢・久富達夫君」久富達夫追想録編集委員会編『久富達夫』出版共同社　1969年　230―231頁
8 赤松貞雄「幼な友達・達ちゃん」同書　39―41頁
9 前掲　高田元三郎『聴きとりでつづる新聞史』NO8
10 「譜伝」前掲『久富達夫』519頁
11 萱原宏一『私の大衆文壇史』青蛙房　1972年　271頁
12 同書　270頁
13 「情報局ノ組織ト機能」『現代史資料　マス・メディア統制（二）』第41巻
14 佐藤卓巳『言論統制』中央公論新社　2004年　161頁
15 古川隆久「革新官僚の思想と行動」『史学雑誌』1990年
16 前掲　松本重治『聴きとりでつづる新聞史』NO12
17 橋川文三『昭和ナショナリズムの諸相』名古屋大学出版会　1994年　95―96頁
18 同書
19 奥村喜和男『電力国営』国策研究会　1936年　256頁

第八章

1 「新聞統合ニ関スル書類綴」有山輝雄、西山武典編『情報局関係資料』第6巻　柏書房　2000年
2 読売新聞社社史編纂室編『読売新聞八十年史』同社　1955年　406頁
3 同書　407頁
4 岡村二一『報道報国の旗の下に』新聞通信調査会所蔵
5 関豊作『ヂャーナリズム部隊の戦士』解放社　1938年　35頁
6 同書　37頁
7 山田公平「名古屋新聞の自由主義的経営体制の展開」『メディア史研究』NO6　1997年　60頁
8 「社報」山田公平編『名古屋新聞・小山松寿関係資料集』第1巻　龍渓書舎　1991年
9 「社報」同
10 川上富蔵編著『毎日新聞販売史　大阪編』毎日新聞社　1979年　499—500頁
11 「社報」『名古屋新聞・小山松寿関係資料集』第1巻
12 「社報」同
13 前掲　御手洗辰雄『新聞太平記』166—167頁
14 前掲『古野伊之助』248頁
15 「新聞連盟（仮称）に就て」『情報局関係資料』第3巻
16 東季彦『聴きとりでつづる新聞史』NO6
17 前掲　伊藤正徳『新版　新聞五十年史』222頁
18 同書　224頁
19 岡村二一「新聞新体制の理論と実際」奥平康弘監修『言論統制文献資料集成』第13巻　日本図書センター　1992年
20 前掲　岡村二一『報道報国の旗の下に』
21 前掲『古野伊之助』248頁

第九章

1 河野幸之助『高嶋菊次郎伝』日本時報社　1957年　401—402頁
2 務臺光雄『聴きとりでつづる新聞史』NO13
3 前掲『読売新聞八十年史』430頁
4 朝日新聞販売百年史（東京編）刊行委員会編『朝日新聞販売百年史（東京編）』1980年　168頁

5 前掲　伊藤正徳『新聞五十年史』新版　228頁
6 「田畑忠治朝日販売部長」前掲『朝日新聞販売百年史（東京編）』170頁
7 前掲　川上富蔵編著『毎日新聞販売史』516頁
8 吉積正雄「戦時下新聞新体制」日本放送協会編『国策放送（復刻版）』大空社　1990年　31頁
9 岡島真蔵『聴きとりでつづる新聞史』NO1
10 七海又三郎『聴きとりでつづる新聞史』NO3
11 前掲　務臺光雄『聴きとりでつづる新聞史』NO13
12 電通通信史刊行会編『電通通信史』同会　1976年　46頁
13 前掲　伊藤正徳『新聞五十年史』新版　234―235頁
14 同書　234頁
15 鈴木茂三郎（S・V・C）『新聞批判』大畑書店　1933年　216―218頁
16 前掲　伊藤正徳『新聞五十年史』新版　179頁
17 同書179頁
18 「外務省記者倶楽部」は昭和14年7月、在京有力8社が「霞倶楽部」から分離独立し、結成
19 『新聞総覧』（昭和17年版）
20 「新聞ノ戦時体制化ニ関スル件」『現代史資料　マスメディア統制㈡』この文書では、「倶楽部」をカタカナの「クラブ」と表記している
21 「新聞記者倶楽部規約及び新聞記者会構成案に関する件」『情報局関係資料』第2巻
22 「言論報道統制に関する意見」『情報局関係資料』第3巻
23 高田元三郎『記者の手帖から』時事通信社　1967年　190―191頁
24 有山輝雄「『情報局関係資料』解題」『情報局関係資料』第1巻

第十章

1 「新聞統合ニ関スル書類綴」『情報局関係資料』第6巻
2 前掲『久富達夫』520頁
3 「小委員会第三回迄の決定事項」『情報局関係資料』第6巻
4 古野伊之助「緒方竹虎伝記刊行会関係資料」国会図書館憲政資料室所蔵

5 前掲　岡村二一『聴きとりでつづる新聞史』NO12
6 前掲　岡村二一「新聞新体制の理論と実際」
7 前掲『読売新聞八十年史』435―438頁
8 山田潤二『南十字星』創元社　1949年　10―11頁
9 御手洗辰雄『三木武吉伝』四季社　1958年　219―220頁
10 同書　221頁
11 前掲　高田元三郎『聴きとりでつづる新聞史』NO8
12 前掲　御手洗辰雄『新聞太平記』173頁
13 前掲　岡村二一『聴きとりでつづる新聞史』NO12
14 細川隆元『朝日新聞外史』秋田書店　1965年　139頁
15 前掲『読売新聞八十年史』421―422頁
16 前掲　御手洗辰雄『新聞太平記』173頁
17 前掲　古野伊之助「緒方竹虎伝記刊行会関係資料」
18 前掲　岡村二一『聴きとりでつづる新聞史』NO12
19 前掲　細川隆元『朝日新聞外史』144―145頁
20 前掲　岡村二一『聴きとりでつづる新聞史』NO12
21 前掲『朝日新聞社史　大正・昭和戦前期』567頁
22 前掲　御手洗辰雄『新聞太平記』173頁
23 田中都吉「緒方竹虎伝記刊行会関係資料」
24 前掲　岡村二一『聴きとりでつづる新聞史』NO12
25 宮居康太郎『日本新聞会の解説』情報新聞社　1942年　3頁
26 「審議会総会における情報局総裁の説明案」『情報局関係資料』第7巻
27 前掲　小野秀雄『日本新聞史』326―327頁
28 前掲　御手洗辰雄『新聞太平記』174頁
29 田中都吉「日本新聞会のこと」電通編『五十人の新聞人』同社　1955年　60頁
30 前掲　岡村二一『聴きとりでつづる新聞史』NO12
31 前掲　宮居康太郎『日本新聞会の解説』3頁

32 前掲『新聞総覧（昭和17年版）』
33 前掲 宮居康太郎『日本新聞会の解説』25頁
34 浦忠倫『聴きとりでつづる新聞史』NO6
35 日本新聞会事務局編『日本新聞会便覧』同会 1944年 21—22頁
36 前掲 宮居康太郎『日本新聞会の解説』48頁
37 前掲 伊藤正徳『新聞五十年史』新版 246頁
38 同書 243—244頁
39 前掲 川上富蔵編著『毎日新聞販売史』536頁
40 前掲 伊藤正徳『新聞五十年史』新版 244頁
41 前掲 岡村二一「新聞新体制の理論と実際」
42 前掲『朝日新聞社史 大正・昭和戦前編』602頁
43 「日本記者会記者練成所要綱」『情報局関係資料』第3巻
44 「主要講義及講演者」同
45 前掲 宮居康太郎『日本新聞会の解説』32頁
46 前掲『新聞総覧』（昭和18年版）
47 「官庁記者会再編成要領」『情報局関係資料』第2巻
48 前掲 伊藤正徳『新聞五十年史』新版 259—261頁
49 前掲 川上富蔵編著『毎日新聞販売史』531頁
50 同書 538—540頁

第十一章

1 「極秘 新聞整理統合要綱」『情報局関係資料』第7巻
2 「極秘 関係新聞社ニ対スル総裁ヨリノ申渡」『情報局関係資料』第7巻
3 同
4 前掲 岡村二一『聴きとりでつづる新聞史』NO12
5 八十年史編纂委員会編『高知新聞八十年史』高知新聞社 1984年 136—137頁
6 徳島新聞五十年史刊行委員会編『徳島新聞五十年史』同社 1997年 109—110頁

7　樋口宅三郎『聴きとりでつづる新聞史』NO15
8　同書　30頁
9　伊豆富人『聴きとりでつづる新聞史』NO4
10　土方正巳『都新聞史』日本図書センター　1991年　462―463頁
11　大宮伍三郎「新聞社とのわかれ」前掲『五十人の新聞人』339頁
12　北海道新聞社編『北海道新聞四十年史』同社　1983年　14頁
13　岡村二一『岡村二一全集』第二巻　永田書房　1980年　252―253頁

第十二章

1　所武雄『狂った時代』北辰堂　1955年　126―130頁
2　内政史研究会編『村田五郎氏談話速記録　内政史研究資料』東京大学大学院法学政治学研究科図書室所蔵
3　前掲　高田元三郎『聴きとりでつづる新聞史』NO8
4　前掲『読売新聞八十年史』452―456頁
5　伊藤隆・廣橋眞光・片島紀男編『東條内閣総理大臣機密記録』東京大学出版会　1990年、140―141頁、221頁、504頁
6　前掲　伊藤正徳『新聞五十年史』新版　265―266頁
7　前掲『古野伊之助』291頁
8　前掲『朝日新聞社史　大正・昭和戦前編』567頁
9　前掲『緒方竹虎』119―120頁
10　前掲　伊藤正徳『新聞五十年史』新版　252頁
11　前掲『緒方竹虎』119―120頁
12　前掲　伊藤正徳『新聞五十年史』新版　253―254頁
13　前掲　古野伊之助「緒方竹虎伝記刊行会関係資料」
14　前掲　高田元三郎『記者の手帖から』
15　前掲『朝日新聞社史　大正・昭和戦前期』634頁
16　前掲　伊藤正徳『新聞五十年史』新版　252頁
17　大佛次郎『終戦日記』文春文庫　2007年、「昭和二〇年四月一八日付」

18 前掲　伊藤正徳『新聞五十年史』新版、255—256頁
19 前掲　小野秀雄『日本新聞史』350頁

第十三章

1 前掲『朝日新聞社史　大正・昭和戦前編』650頁
2 Hugh Baillie『High Tension』Harper & Brothers　1959年　156—158頁
3 長谷川才次「同盟通信に解体命令来る」『文藝春秋　臨時増刊号』1952年
4 週刊新潮編集部編『マッカーサーの日本』新潮社　1970年　67頁
5 前掲　高田元三郎『記者の手帖から』245—247頁
6 前掲『古野伊之助』320—321頁
7 古野伊之助「四十余年の夢」前掲『五十人の新聞人』277頁
8 前掲　伊藤正徳『新聞五十年史』新版　267—269頁
9 前掲『緒方竹虎』169頁
10 前掲　古野伊之助「四十余年の夢」
11 「FURUNO INOSUKE」粟屋憲太郎・吉田裕『国際検察局（IPS）尋問調書』第30巻　日本図書センター　1993年
12 前掲　伊藤正徳『新聞五十年史』新版　280—290頁
13 月刊誌『丸』昭和27年12月号
14 前掲　岡村二一『報道報国の旗の下に』
15 月刊誌『丸』昭和27年12月号
16 月刊誌『丸』昭和29年11月号
17 前掲『古野伊之助』383頁
18 同書　384頁
19 前掲　岡村二一『報道報国の旗の下に』
20 前掲『古野伊之助』388頁

エピローグ

1　北日本新聞社史編纂委員会編『北日本新聞八十五年史』同社　1969年　413―426頁
2　北日本新聞社編『北日本新聞100年史』同社　1984年　205―213頁
3　北日本新聞社編『富山県言論の軌跡』同社　2000年　110―111頁
4　松本重治『上海時代（上）』中公新書　1974年　65頁
5　前掲　伊藤正徳『新聞五十年史』新版　242頁

写真提供

30、61、63、67、253、255頁――『五風十雨　古野伊之助アルバム』（新聞通信調査会）
127、133頁――朝日新聞
123、149頁――共同通信
87、121頁――国立国会図書館
39（2点とも）、63頁――パブリックドメイン
270頁――編集部

図版作成

アトリエ・プラン

新潮選書

言論統制《げんろんとうせい》というビジネス —— 新聞社史《しんぶんしゃし》から消《け》された「戦争《せんそう》」

著　者……………… 里見《さとみ》 脩《しゅう》

発　行……………… 2021年8月25日

発行者……………… 佐藤隆信
発行所……………… 株式会社新潮社
〒162-8711 東京都新宿区矢来町71
電話　編集部 03-3266-5411
読者係 03-3266-5111
https://www.shinchosha.co.jp
シンボルマーク／駒井哲郎
装幀／新潮社装幀室
印刷所……………… 株式会社三秀舎
製本所……………… 株式会社大進堂

乱丁・落丁本は、ご面倒ですが小社読者係宛お送り下さい。送料小社負担にてお取替えいたします。価格はカバーに表示してあります。

ISBN978-4-10-603871-6 C0330